「マインドフルネス速読」

ゼロから学べる!

瞑想×速読トレーニング

黒石浩子 著

セルバ出版

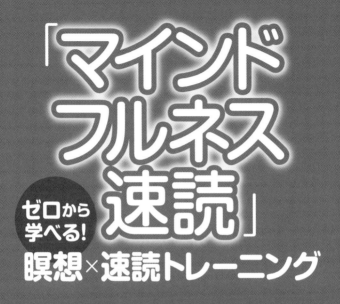

はじめに　マインドフルネス×速読×心理学読書療法の相乗効果について

あなたの未来に注ぐ目・心・呼吸・脳の総合トレーニングとは

この度は「マインドフルネス速読」の本を手に取っていただきまして、誠にありがとうございます。速読にはいろいろな方法があり、たくさんの本が出ています。本書にて提案する「マインドフルネス速読」は、「速読」と称していますが、速く読むだけを目的としているわけではなく、目・心・呼吸・脳の総合トレーニングになっています。

さて、「マインドフルネス」と始まるタイトルを見て、どんなイメージを持たれましたか？「速読」というタイトルを見て、「今、ここ」で、どのように感じられましたでしょうか？どのような思いで、本書を手に取っていただけたのでしょうか？

例えば、「速読」の文字を見ただけで、自分にはできないもの、何か特殊な能力のある人にしかできないと思われる方がいるかもしれません。過去に速読を興味を持ち、しかし、途中で諦めた方にも、ぜひ、「マインドフルネス速読」にあらためて挑戦していただきたいと思います。

「今、ここ」からチャレンジしてみようと思われた方、新しい素敵なご縁に感謝します。ぜひ、有効に活用していただきたいと願います。今回、ご縁があって、このタイミングでめぐりあった「今、ここ」から、その一歩を踏み出した勇気を応援します！　あとはその歩みをとめないで、楽しくトレーニングを積み重ねていきましょう。

「マインドフルネス」へのいざない

「マインドフルネス」という言葉に対して、どのようなイメージをお持ちですか？

仏教の厳しい修行として、座禅をしているイメージを思い浮かべられる方がいるかもしれません。「マインドフルネス」を知るきっかけの1つとして、仏教の修行において瞑想の様子を過去に見たり、そのことを聞いたりしたことが影響しているかもしれませんね。

「マインド」には、心や精神といった意味があります。「マインドフル」という形容詞があり、意識を向ける、気に留める、気づくという意味があります。

本書で紹介する「マインドフルネス」とは、宗教性や修行要素の類ではありません。そして、難しく考えすぎている固定観念をゆるめたりするものとなっています。やさしく、どなたにでもできる「マインドフルネス」との組み合わせによって、より「速読」が身近なものになり、1人でも多くの方に活用されることを願っています。

「マインドフルネス速読」とは

唐突ですが、質問させていただきます。

・いつまでも若々しく、毎日健康ではつらつと過ごせたらいいと思いませんか？
・記憶力も理解力も能力も存分に発揮できたらいいなと思ったことはありませんか？
・年齢を重ねてきているせいだと、諦めたことはありませんか？

〔図表１　マインドフルネス速読　３つの要素〕

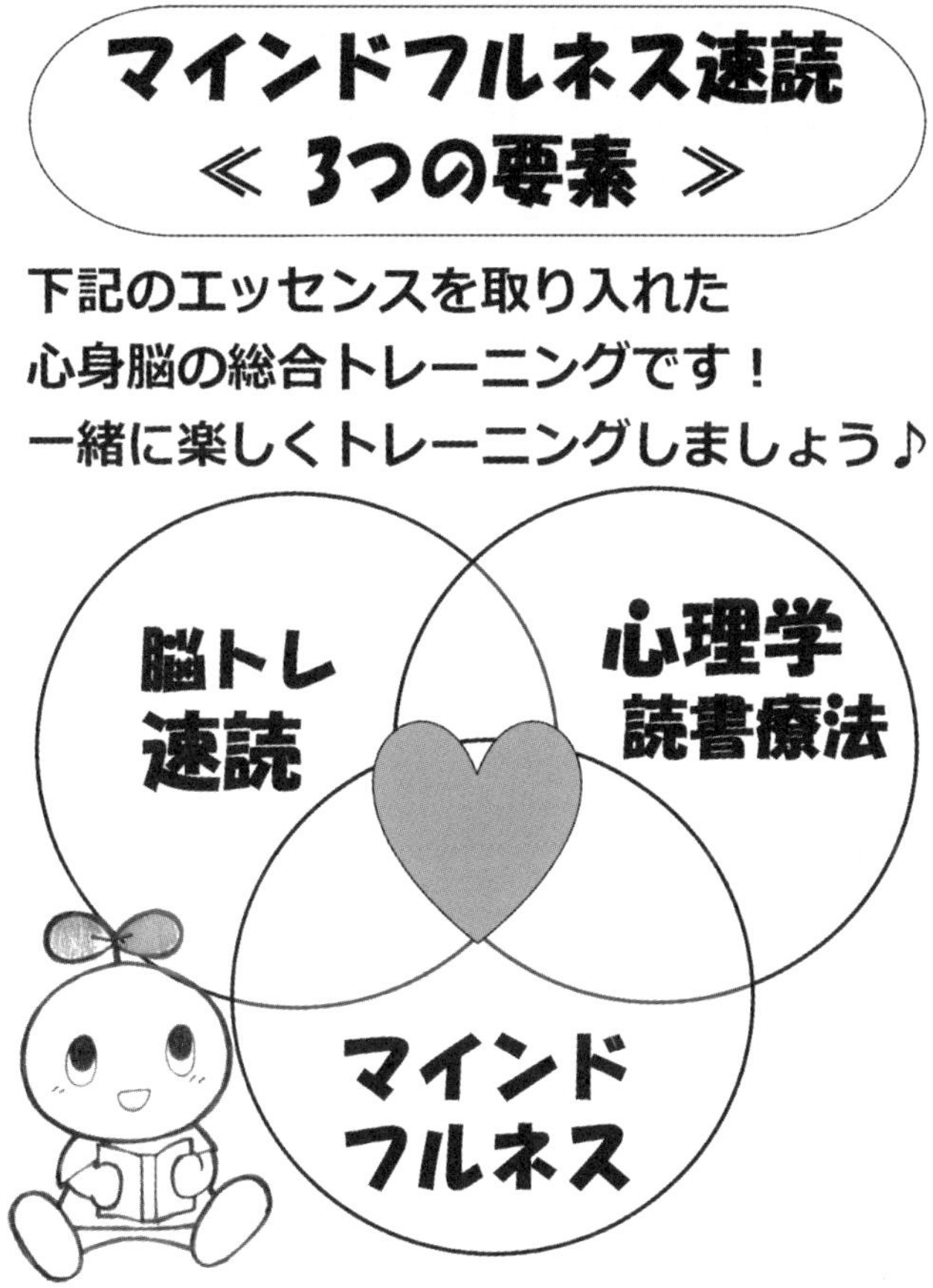
マインドフルネス速読
≪ 3つの要素 ≫
下記のエッセンスを取り入れた
心身脳の総合トレーニングです！
一緒に楽しくトレーニングしましょう♪
脳トレ
速読
心理学
読書療法
マインド
フルネス

これらは、すべて脳力に関係するものです。しかも、脳科学的には、脳力については、年齢による大きな差や違いはないといわれています。かけがえのないお1人おひとりが持った脳力が、どれだけ普段に活用されているかに大きく関わるところになってくるのです。本著で提案する「マインドフルネス速読」で、それらの脳力をアップさせていきます。

「マインドフルネス速読」は、「速読」が入口ではありますが、速く読むことだけが目的ではありません。速読だけではなく、次の3つの要素で成り立っています。

1つ目の要素は、さまざまなトレーニングによって、脳を刺激し、活性化する脳トレの成果を効果的に引き出す速読です。2つ目は、目の前のことに意識を向け、「気づき」を高めることによる「マインドフルネス」の向上。そして最後は、心理学・読書療法の要素から成り立っています。

「マインドフルネス速読」は、これらの3つの要素を組み合わせたものとなっています。どれも1つひとつが、素晴らしいものです。一見、共通点などないように思えるかもしれませんが、実はつながっているのです。

目に見えないものこそ、大切なもの

「目に見えないものこそ、大切なもの」という言葉を聞いたことがありませんか?

ロングセラー『星の王子さま』や、有名な方の名言として紹介されたり、それを座右の銘にされている方々も多くいます。私自身、視覚に障害があり、幸い、見えているものもありますが、見えにくさを抱えて生きています。

視覚に障害があっても、速読が本当にできるのか？　不思議に思われる方もいらっしゃるかと思います。幸い、まだ見える力が残されています。わずかでも自分の中にある力をフルに活用すれば、過去にもっと見えていたときよりも、今のほうが速く読めるようになることも可能であり、そのような方法もあるのです。それが本書で提案する「マインドフルネス速読」になります。

・たくさんの本が、集中して読めたらいいな。

・読みたくて買ったはずの本を最後まで読めずに途中で諦め、積ん読の山を解消できたらいいな。と思う方も多いです。

また、今まで以上に、よりいっそう読書が楽しめたらいいな！　そんな風に期待される方もいます。中には、今の世の中に不安を感じて、改めて読書の必要性を感じる方も多くいます。

お1人おひとり、読書に対する期待や、速読ができたらいいなと思う気持ちを大切にしていただきたいと思っています。

本書を手にとっていただいたことは、きっと偶然ではありません。物事がめぐり出会うのには、タイミングがあります。目には見えませんが、大切なご縁としてつながっているのです。

そして、それは必然であり、遅すぎることもなく、早すぎるものでもありません。速読も「今、ここ」に生まれたものでもありません。以前から存在するものであり、それも流行やブームあり、いろいろ変化してきました。

読書を通して、自分を高めていく

読書には長い歴史があります。それに関わる、図書館の歴史もとても古く、紀元前から存在していたといわれています。古代ギリシャの図書館のドアには、「魂の癒しの場所」と記されているとのことです。本も、粘土板、石、木板、パピルス紙など、様々な形を変えてきました。読書の方法も、黙読や読み聞かせ、対話形式など、いろいろなスタイルで受け継がれてきました。

そして現在でも、読み継がれている、すばらしいロングセラーの本がたくさんあります。かけがえのないお1人おひとりに、読書が有効に活用され、本来お持ちの脳力や能力にも、意識を向けられ、その力に気づき、今より一層よくなるのに活かしていただきたいとも願っています。

読書にもいろいろな目的があり、その目的にあわせた読み方がたくさんあります。「マインドフルネス速読」のポイントは、ただ、速く読むことだけではなく、〝意識を向けて気づき〟のトレーニングにもなっているのです。

普段、何気なく過ごしている毎日において、無意識でしているいろいろなこと、例えば、吸う息や吐く息に意識を向けることで、気づくことがあります。そのうえで新しくトライすることが見つかり、できることが増えていく。「マインドフルネス速読」を通して、ご自身の脳力が向上できるのです。

世の中は、思っている以上の速さで、どんどん変わっていきます。それも予期せぬタイミングで、いろいろなことが起こります。これからの時代、変化や刺激に対応していくことが必要になってきます。しかし、心配する必要はありません。お1人おひとりには、変化や刺激に対応する力が備わっているのです。また、変わる力もあり、進化する力もあり、成長する力もあります。そのことに気づき、自ら変化していく。それは、日々の過ごし方、生き方にもつながります。

心理学・読書療法エッセンスも含める「マインドフルネス速読」

読書は、情報を収集するだけではなく、自分に問いかけ、自ら癒していくといったセルフカウンセリングの療法も含まれています。読書によって、自分の普段の思考パターンとは別の物事の考え方やとらえ方を知ることもできます。いろいろな人に変われる、変えられる、大変便利なものでもあります。そして、心理学にもいろいろな種類や、様々な方法があります。

マインドフルネス的には、それらを評価や比較する必要もありません。読書するだけでも素晴らしい行為ですが、よりよくするために、心理学・読書療法がおすすめです。それは、読書だけに限らず、お仕事や日常生活、生き方や生涯学習にも、活用することができる、大変有効なものです。

速読も、数ある読み方の1つであり、選択肢の1つです。目的に応じて、読み方を選び、有効に活用して、あなたの夢や願いを叶えていただきたいと思っています。

あなたは、10年後、どのような状態になったらいいと思いますか？

めまぐるしく変わる世の中で、10年間という期間はあまりにも長く遠く感じられて、想像がつかないと思われる方もいるかもしれません。お1人おひとりの想い描く近い未来や将来も、どんどん変わっていきます。

先述しましたが、人の脳には、変化や刺激に慣れて対応し、順応する力が備わっています。「今、ここ」の目の前のことに意識を向けて、気づきのトレーニングを重ねて、未来や将来に向けて、やることを見つけ、トライしていきましょう。「今、ここ」と、未来や将来のギャップを埋めるには、気づきのトレーニングがとても効果的です。「マインドフルネス速読」は、気づきのトレーニングの精度を上げていくとともに、お1人おひとりを支え、見守り、サポートしていきます。

あなたの思い描く未来や将来に向けて、読書やマインドフルネス速読を活用して、将来の夢や願いをぜひ叶えていただきたいと願っています。それを叶える脳力は、お1人おひとりの中にもう既に備わっているのです。自分の脳力に意識を向けて気づきのトレーニングを重ねて、1年後、10年後の夢や願いが、少しでも速く叶うように、トライしていきましょう。

今から早速「マインドフルネス速読」を始めてみましょう

「マインドフルネス」が宗教性や修行要素を排除した、とてもシンプルなものであり、誰にでも、いつからでも、どこでもできることがいろいろあります。それと同じように「マインドフルネス速読」も、どなたにも、いつからでも、できることがいろいろあります。

まずは、脳をご機嫌な状態にして、楽しく取り組んでみましょう。その際、将来や未来の夢や願いが叶ったことをありありとイメージしながら、実践していくことが大切です。難しく考える必要はありません。

元々、私たちにはできることがたくさんあり、しばらくの間、それらが使われてないために、使う力を忘れているだけなのです。本来、備わっている素晴らしい力に意識を向けて、気づき、少しずつ取り戻していきましょう。そして、さらにその脳力を高めるトレーニングをしていきましょう。まずは、あれこれ難しく考えずに、脳も心も気軽にして、気楽に楽しみながらやっていきましょう。そのためには、行動する目的や目標も、大切なポイントになります。これまでしてこなかったこと、今できない速読ができるようになったときの様子をありありとイメージして、活躍しているシーンを思い浮かべながら、トレーニングを重ねていきましょう。

幸運をもたらすと考えられているマスコット「マイフルくん」が、マインドフルネス速読へいざないます。楽しくご一緒しましょう。

それでは、早速「マインドフルネス速読」の世界への旅を始めていきましょう！

２０２１年１月

黒石　浩子

「マインドフルネス速読」ゼロから学べる！瞑想×速読トレーニング　目次

第3章 日常生活における「マインドフルネス速読」活用法

第4章　「マインドフルネス速読」は、未来を変える

第5章 意識を向けるだけ! マインドフルネス速読の10のポイント(準備編)

第6章 実践！ マインドフルネス速読の秘訣を体験

第7章　よくあるご質問

第1章　「マインドフルネス」について

1　マインドフルネスについて

マインドフルネスとは

まず、「マインドフルネス速読」の名前に含めている「マインドフルネス」について説明いたします。

先述しましたが、マインドフルネスのイメージとして、仏教の修行でしている座禅や瞑想と重なる方が多くいます。そのため、宗教性や修行要素を強く感じられて、抵抗感があったり、ハードルが上がり、実践しようとする一歩が踏み出せない方もいるかもしれません。

そのような方のためにも、「不要なもの、宗教性や修行要素」を排除して、アメリカで生まれ直したのが、本著で提案していく「マインドフルネス」になります。それはとてもシンプルなものです。いつでも、誰にでも、なんと小さな子どもにもできるものもあります。

海外では、就業前の小さな子どもたち向けにも、教育の一環として取り入れられているところがあるくらいです。ただ、目の前の1つのこと、例えば、呼吸にだけ意識を向けて、呼吸を繰り返します。そのことを続けるだけで、呼吸が整えられることはもちろんのこと、身体も整えられ、そして、心も整えられるようになっていきます。

集中力や注意力などの脳力アップや、感情のコントロール、免疫力アップ等、多くの効果を実感される方も増えて、反響を呼び、「マインドフルネス」の効果とともに評判が広がっていきました。

また、世界のトップアスリートや、ビジネス界のトップリーダーが実践されていることもあり、マスコミやテレビ等に取り上げられることも多くなり、日本でもテレビやメディアで紹介されて、注目される機会が増えました。

しかし、今の流行りで興味を持ち、見よう見まねで、マインドフルネスを試してみるも、見た目は仏教でやっている修行の様子や座禅と似ていて、「何が違うのか?」「やってみてよくわからない」という声もよく聞きます。

仏教の瞑想とマインドフルネスの違い

「仏教の瞑想」と「マインドフルネス」の違いとして、大きくまとめると3つになると思います。

まず、1つめは生まれたところ、発祥地が違うということです。仏教でやっている瞑想は、インドが発祥地となります。

それに対して「マインドフルネス」は、アメリカで生まれたものです。経緯として、仏教の瞑想そのものがすばらしくて、海外でも多くの方々が実感し実践されています。

しかし、宗教は怪しいと思う方も少なくなく、抵抗感を感じたり、厳しい修行するまでしたくない。でもマインドフルネスには興味があり、実践してみたい、という方のために、仏教の瞑想から、宗教性や修行要素を排除して、このようにアメリカで新たな「マインドフルネス」が誕生しました。

2つ目に違うところは、歴史になります。仏教でしている瞑想は2000年前、もしくは

3000年前からあったといわれています。それに対して、アメリカで生まれたマインドフルネスは、まだまだ歴史的には浅く、新しいものです。

そして、最後に3つ目の違いは「目的」になります。仏教でしている瞑想は、修行の1つとして、実践されています。悟りを開くため、人のため、世のために、最初から高い目標や目的を目指して行われています。そのために、厳しいことも辛いことも乗り越え、修行を積み重ね、取り組まれています。

それに対して、アメリカで生まれたマインドフルネスは、宗教性や修行要素を排除したことが特徴であるといわれています。とてもシンプルなものなのです。目的としても、人のため、世のためというよりは、身近なものにあります。

例えば、今から行動すること、仕事や家事、プライベートなどに集中ができるように、何か物事を始める前に、実践されている方が多くいます。あるいは、睡眠が良質なものになるように、ぐっすり眠れるように、寝る前に行う方もいます。

また世界のトップアスリートやスポーツ選手は、これまで練習してきたことや能力が、試合や本番で発揮できるように、このマインドフルネスをトレーニングや日常に取り入れ、ここぞ！　というときの前に実践されているといわれています。身近なところで、好きな食べ物や歩くことに意識を向ける方法など、アメリカで生まれたマインドフルネスには、気軽にできることがたくさんあります。

〔図表2 仏教の瞑想との違い〕

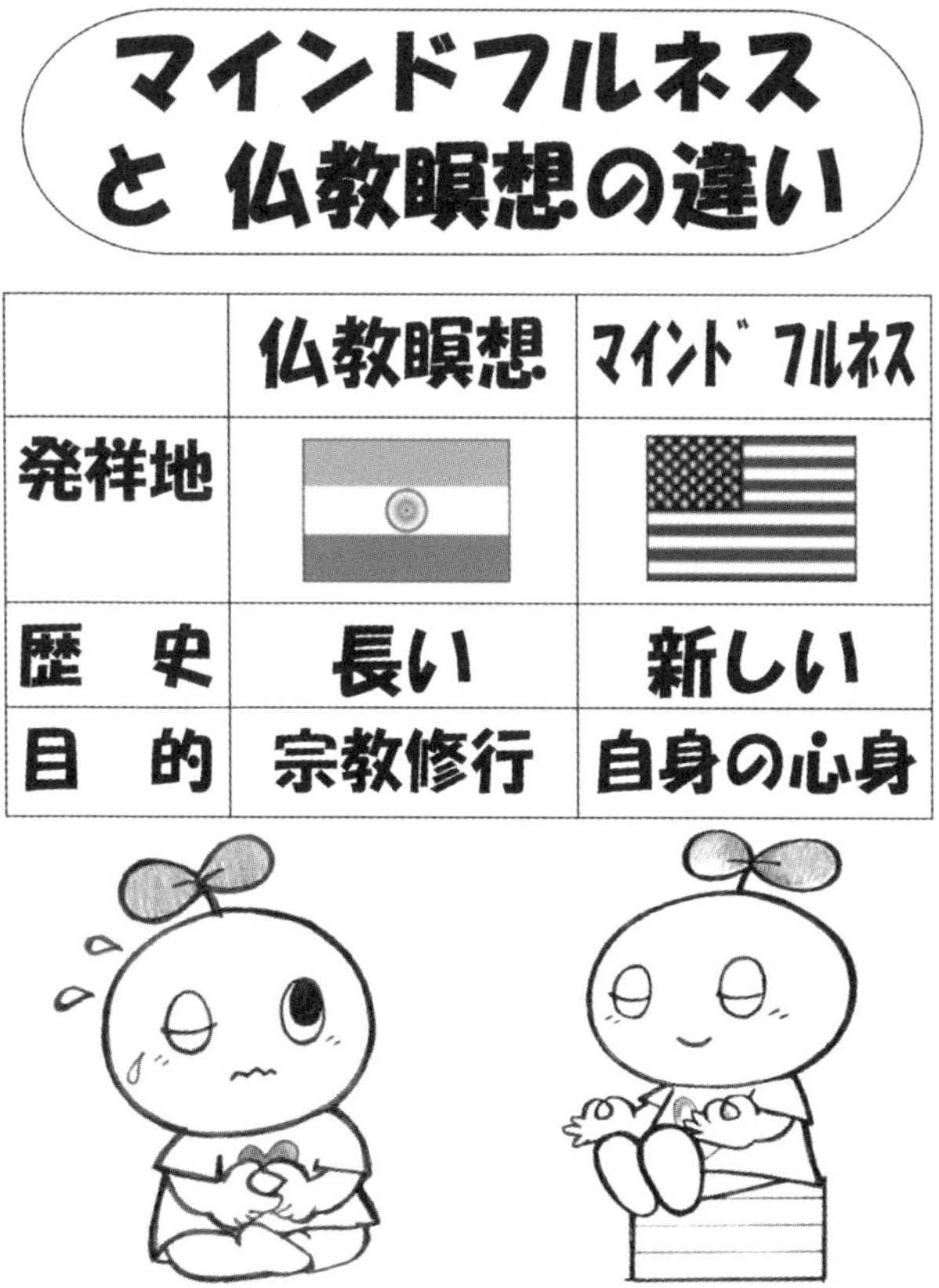
マインドフルネス
と 仏教瞑想の違い
仏教瞑想
マインドフルネス
発祥地
歴 史
長い
新しい
目 的
宗教修行
自身の心身

2　自分の身の回りで、意識を向けていることに何があるか

無意識にしていること

私たちの日常には、無意識にしていることであふれています。例えば、

・寝ること、起きること、

・食べること、飲むこと、

・歩くこと、走ること、

・見ること、聞くこと、触れること、嗅ぐこと、呼吸すること、などなど……。

このように無意識にしていることが、いろいろあります。同様に無意識にできてしまうことが、たくさんあります。

私たちの「できる」脳力にも、いろいろなものがあり、素晴らしいものも多くあります。また、自分では、気づいていないことも、活かされていない脳力がたくさんあります。無意識にしていること、できることには、意識を向けることは少ないものです。

試しながら学習する

しかし、今、無意識でしていること、できていることも、最初からできていたわけでは決してあ

りません。

生まれてから、「今、ここ」まで、いろいろな繰り返し、積み重ねていくことで、段々スムーズにできるようになったこともあります。

時には失敗したことも、次には同じ結果にならないように意識して工夫し、別の方法を考えてみる。このように試してみるといった、つまり、「学習する」というすばらしい力を私たちは持っているのです。

3　なぜ、速読ができないのか

マインドフルネス速読とは

「マインドフル」とは、意識を向ける、気づく、心に留めるという意味を持つ形容詞になります。

「マインドフルネス速読」では、意識を向けて気づくトレーニングを繰り返し、積み重ねていきます。速読ができるようになるために、視野を広げること、スピードを加速することなどのトレーニングがあります。

速く読めないケースとして、普段、無意識にしていることとしてよくあるのが、1字1字読みながら、頭の中で音読していることがあげられます。

狭い視野で、1字1字音にして読んでいるので、スピードを出すどころか、ブレーキをかけているような状態になっているのです。これでは、速く読めなくても不思議ではありません。

読むこと自体は無意識でできるために、読み方に意識を向けることは少なく、読み方を変えようと意識する方は少ないです。

読書における目的や、読んだ後に、どうしたいか？　どうなりたいのか？　などにも、意識を向けます。

今できていないことに意識を向け、気づくこと

そして、今どうなのか？　意識を向けて、今からすることを明確にします。このように気づく練習や、実践するための問いかけも積み重ねていきます。

そして、大切なのが、今できていることにも意識を向けること、気づくことです。普段、意図的に意識を向けたり、気づこうとしたりする機会は少ないものです。それを積み重ねていくうちに、気づきやすくもなります。

できるようになる秘訣は、意識を向けて、少しでもできていることに気づくこと、見つけていくことが大切です。私たちは普段、無意識にできないことに意識を向けがちです。そこをできていることに意識を向けて、注意を集中しようとする姿勢・行動・態度もマインドフルネスです。わずかでも、今までできなかったことができていることに気づくことが、自分にできる力がある！　自信や行動にもつながります。

〔図表3　マインドフルとは〕

マインドフル
(mindful)とは
下記のような意味があります。
・意識を向ける
・心に留める
・気づく
mind
＋
ful
心・精神
/満たされている
マインドフルネス速読でも大切な点です。

4　「マインドフルネス」における大切なこと

目の前のことに意識を向ける

マインドフルネスは「今、この瞬間の体験に意図的に意識を向け、評価をせずに、とらわれのない状態で、ただ観る」です。これは、雑念を消すためのものでもなく、無になるためのものでもありません。

「マインドフルネス速読」でも、これまでしてこなかったこと、今できていない速読ができるようになるためのトレーニングをしていくうえでも、とても大切な考え方になります。

ぜひ、次の点に意識を向けて、迷ったときには、立ち返ることを気に留めてみてください。

・「今、この」瞬間の体験に意図的に意識を向け、評価をせずに、とらわれのない状態で、ただ観ること。

・あれこれ考えないで、「目の前」のことに意識を向ける姿勢・行動・態度に立ち返る。

トレーニングしている最中に、これでいいのか？　迷うこともあるかもしれません。やってみて、わかることもあります。繰り返して、できるようになることもあります。トレーニング1つひとつにそれぞれの目的があります。そこから外れてさえいなければ、積み重ねることでできるようになっている自分がいます。そんなご自身にも、ぜひ意識を向けてみてください。

第2章　マインドフルネス速読における重要ポイント

1　本や文章を読む前に、どんな読み方で読むかを考えたことがあるか

読み方にもいろいろな種類がある

黙読・音読・精読・通読・飛ばし読みなど、実にたくさんの読み方があります。速読は、そのいろいろある読み方のうちの１つです。速読以外は、多くの方が今までに体験したことがあるのではないでしょうか。

速読を除けば、他の読み方は実践しやすいかもしれません。なぜかというと、今までに体験したことがある可能性が高いと思われるからです。

しかし、速読については、学校や会社、地域や家庭でも習うことも稀で、自分でしたこともなければ、速読をしている人が周りに少ないために、自分が速読をしていることをイメージしにくいのではないでしょうか。

例えば、想像してみてください。小学生、特に小さな低学年だった頃、学校の教科書を音読させられたことを。そんな経験は、多くの方にありますよね。最初は、つっかえつっかえ、たどたどしかった読み方も、繰り返すうちにだんだん慣れてスラスラ読めるようになりました。そして、今ではいろいろな読み方もできるようになりました。

このように速読も、正しく練習すれば、誰にでもできるのです。

これまでの経験してきたことも、大切な財産になります。これからの未来や将来に、「マインドフルネス速読」を通して、有効に活用していきましょう。

2　無意識にできていることにも、意識を向けてみよう

意識を向けるトレーニングをする

「マインドフルネス速読」ができるようになるポイントのいくつかの中に、すでに無意識にできていることもあります。

「マインドフルネス速読」では、無意識にできていることにも意識を向けて、気づき、行動していく練習を繰り返していきます。かけがえのないお1人おひとりには、できることがいろいろあります。無意識にできていることにも意識を向けて気づくことでも、できることを取り戻していくことにつながっていくのです。

今まで見たことも、聞いたこともない、難しい、果てしない宇宙の言葉（があるのかは、さておいて）を習得するのとは違って、読み方や、考え方や、とらえ方の取り扱いにも意識を向けるトレーニングを重ねていくのです。

速く読むだけではなく、目の前のことに意識を向けて、気づきのトレーニングにもなる「マインドフルネス速読」を楽しんでいきましょう。

3　本を読む前に意識していることがあるか

少しずつ積み重ねて繰り返していく

あなたは本や文章を読む前に、どのぐらいの速さで読むか？　決めてから読むことがありますか？

多くの方が速く読みたいと思っていても、速く読む行動をしている人は少ないものです。それどころか、速く読めないことを無意識にしていることが多いです。

また速く読みたくても、それに伴った力がなければ速く読むこともできません。そのために必要な体力、筋力、考え方やとらえ方等、心身や脳のトレーニングを行いましょう。

なにも難しいことは、ありません。心身や脳などに意識を向けて、少しずつ繰り返し積み重ねていけば、どなたにでもできるのも、アメリカで生まれたシンプルな「マインドフルネス」を含めた、「マインドフルネス速読」の魅力です。

本を読むことは、読んでいる最中だけでもありません。本を読む前から、既に始まっています。

今まで見たことも聞いたこともない新しいことをする、新しく取り入れる以外に、普段忘れている過去の経験を思い出し、引き出し、それらを活用するものでもあります。それには、物事をいきなり始める前に、意識を向けることが大切な準備となり、有効な読書につながります。

4　遅読の理由とは

音読はスピードを妨げる

速く読めない方の中には、1字1字ゆっくり丁寧に読んでいることも多いです。読みながらも、頭の中で音にしていることも多くあります。それらは、決して悪いことではありません。

しかし、目的によって、その手段や方法は異なり、正しいものを選ぶのが有効です。速く読みたいときには、音にして読むことは、スピードの妨げとなり、ブレーキになるため、読み方の切り替えが必要となります。

5　音読は、速読を妨げる⁉

音読でブレーキをかけることは止めておく

速読をするために、スピードを出そうとするのに、音読をすることで、ブレーキをかけてしまうことになります。そのため、そのときにはブレーキをかけることを止めておく必要があります。

もし今後一切もう二度と音読してはいけない、と言われたとしたら、脳はこれまで慣れ親しんだものを手放すことに抵抗し、嫌がり拒否するでしょう。

速読という1つの選択肢を増やし、目的によってその読み方を選ぶのであれば、それは目的を優先した、結果の意図的に意識を向けた歩み寄りにつながります。

6　読むことで意識を向ける、大切なこと

どんな読み方をしたらいいかを選ぶ

私たちには無意識にできていることがいろいろあります。

その1つに「読む」ことが挙げられます。

読む前に意識を向けることも大切な1つです。本や文章を何のために読むのかという目的に意識を向けてみましょう。

そして、そのために、どんな読み方をしたらいいかを選ぶのも大切なことになってきます。

これから「マインドフルネス速読」のトレーニングをしていきますが、他のいろいろな読み方にも意識を向けて、いろいろな本で、楽しんで進めていただきたいと思っています。

速読トレーニング以外でする読書は、速読だけではなく、たまには朗読や音読があってもいいかもしれません。

違う読み方をするからこそ、そのよさや必要性、大切さに気づくこともあるからです。

〔図表4　マインドフルネスとは〕

マインドフルネス
(mindfulness)とは
下記のような意味があります。
今、この瞬間の体験に
意識を向け
評価をせず、
とらわれのない状態でただ観る
あれこれ考えずに
目の前のことに
意識を向けて
集中する
姿勢・行動・方法

7　意識を向ける際に、気に留めておきたいこと

目の前のことに意識を向ける

気をつけたいことは、本や文章を読むときに、速読をしてみようと思いながら読み始めて、気がついたら音読になっていることです。これは、無意識にこれまでの頭の中で音読していたことに戻っています。せっかく速読しようしているのに、意識から外れて、元に戻ってしまった状態です。ただし、意識から外れたことが悪いことではありません。

大切なのは、今、目の前のことに意識を向けて、気づくこと。そして、気づいたら、本来の意識を向けていた先に意識を戻らせる。その繰り返しもトレーニングになります。

これは、マインドフルネスの考え方に基づいています。

8　速く読むのに、時間を意識してみる

限られた時間で読める読み方を選ぶ

本や文章を読む前に意識することに、時間を決めることもあります。普段、読む前に時間を意識することは意外と少ないものです。時間がなくて、速く読みたい場合には、逆算してそれにも意識

を向けることでも、速く読むように行動することにつながります。

例えば今、目の前にとても読みたかった本があったとします。ですが、今から10分間しかその本を見ることができないとしたら……。そのような場合に、10分で読める読み方を自分で選んで読むというのも、読み方に意識を向けて、選択した読み方となります。

9　読む前に、意識を向けてみるといいところ

目次を見る

これは速く読む場合に限ったことではありませんが、他の読み方でも活用できることの１つになります。

それは、目次を見ることです。タイトルを見て読みたいところだけ読むのも、１つの読み方となります。それは、前から順番に読まなければならないといった、固定概念をゆるめることになります。順番に読む読み方とは異なります。従来通り、前から読まなければいけないといった意識にとらわれず、自由に選んでいいのです。

タイトルを見て読みたいところを見つけて読む

例えば、10分間しか読めないといった場合において、前から1字ずつ読んでいては、本当に読み

たいところにたどり着けずに、時間が経ってしまいます。それよりは、タイトルを見て本当に知りたいことを1つ見つけ、読むことができれば、その10分間はとても有効なものとなり、集中して読むことにもつながります。

どうしたいか、本を読む前に意識を向ける

読み方にもいろいろな種類があり、いろいろな組み合わせができます。大切なのは目的です。読む前の目的や目標設定、そして何のために読むのか？　目標、あるいは読んだ後のどうなっていたいか？　どうしたいか？　など、本を読む前に、意識を向けてみるのが重要です。

私たちの行動には、本来目的があります。無意識から、意識を向けるのも読書の有効活用です。そして、そのためにどうしたらいいいか？　に意識を向けることで、あらためて気づくことがあります。すると、することが見つかります。できるようになるためのトレーニングをしていきます。「マインドフルネス速読」を目的に合わせて、有効活用していただければと思っています。本書では、そのトレーニング方法などもいろいろご紹介していきますので、意識を向けて気づきのトレーニングをしていきましょう！

読み方を意識することで、読むことも楽しくなってきます。読む前にすると、効果的でよいこともあります。そのようなことにも意識を向けて、この世の中にあるたくさんのすばらしい本を、いろいろ楽しんでいただけたらと思います。

10　自分の呼吸に意識を向けたことがあるか

スピードを加速することに意識を向けるトレーニング

「マインドフルネス速読」では、視野を広げて、スピードを加速することに意識を向けて、トレーニングをしていきます。トレーニングを始める前に、心身が健康であることが大切です。今のご時世、大変便利ではありますが、情報過多による不安、ストレスなどに悩まされている方も少なくありません。

生きにくいと感じる方も、なぜか昔よりも増えています。自分自身の健康は自分で守り、調整する必要があります。その健康管理につながる1つに呼吸があります。私たちは、無意識で呼吸することができます。その無意識でしている呼吸にあえて意識を向けてみたことはありませんか。

11　深い呼吸をするだけで、体や心が落ち着いた経験をしたことがあるか

マインドフルネスの要

呼吸に意識を向けることで、普段の呼吸が、いかに浅かったことに気づかれる方も多くいます。呼吸が浅いことが、悪いわけではありません。逆に、起きている間中、いつも深い呼吸をしている

と、エネルギーが不足して、危険な状態になりかねません。私たちが生きていくのには、莫大なエネルギーが必要で、それらを消耗しています。そのエネルギーの使われ方も、おおよそ配分が決められています。

そのため、いつもは省エネモードで、浅く呼吸しているのです。貴重なエネルギーだからこそ、自分にも優しい思いやりの気持ちをもって、大切に取り扱い、ていねいに呼吸をする時間をもつことは、とても大切なことなのです。呼吸に意識を向けることで、気づくこともあります。そして、その気づきがマインドフルネスの要となります。

12 無にならなくても、雑念がわいても、問題はないか

マインドフルネスで実施する呼吸は鼻呼吸

呼吸にも、いろいろな方法があります。マインドフルネスで実施する多くの方法が「鼻呼吸」となります。鼻呼吸は、慣れていなかったり、集中できない方もいるかもしれません。しかし、慣れないことをするのも、脳を刺激して、活性化するトレーニングになります。鼻呼吸は、心身を整えるよい方法と言われています。

「マインドフルネス」にもいろいろな方法があります。目の前のことに意図的に意識を向けようとする姿勢・行動・態度などの方法があります。その方法のうちの1つが、呼吸になります。

「瞑想」というと、雑念を消すもの、無になっていないとできていないと思われている方も、多いかもしれません。「マインドフルネス」では目の前のこと、例えば、呼吸に意識を向けます。雑念が浮かんでも、消えなくても問題はありません。無になっていなくても、間違っているわけでもありません。

「マインドフルネス」が目の前のことに意識を向けることであり、雑念を無理に消したり、変えようとするものでもなく、無になることを目指すものでもないのです。そのことを知るだけでも、気軽に取り組めるようになります。元々、私たちは呼吸を無意識でしているくらいですから、難しく考える必要はないのです。ただ、目の前の呼吸に意識を向けようとする姿勢、行動がマインドフルネスで、そのことに気づくことが大切なのです。

「マインドフルネス」で、時間を決めて、呼吸に意識を向けて気づきのトレーニングをすることで、呼吸が整い、そして身体、心まで整っていきます。

13　「調身→調息→調心」とは

呼吸に意識を向ける前にするべきこと

呼吸に意識を向けるにも、事前にすることがあり、有効な順番があります。それが、まず自分の体に意識を向けることです。体を伸ばしたり、肩を回したり、ストレッチをすることによって、手軽に自分の身体に意識が向きやすくなります。

ヨガと呼吸は抜群によい組み合わせです。自分の身体に意識を向けて、ストレッチをして余分な力を抜いた状態で、背筋を伸ばして、姿勢を整えていきます。姿勢が整うと、身体が整います。これが「調身」になります。

次に呼吸に意識を向けていきます。繰り返すごとに呼吸が整えられていきます。これが「調息」です。

これらを続けることによって、心が整うといわれています。これが「調心」になります。

「マインドフルネス」の基本となっている、仏教の瞑想の言葉です。〝目的があり、流れがあり、続ける〟ことが大切なのです。

普段している姿勢は、個人的に楽な姿勢かもしれません。しかし、それが、呼吸にとっていいとは限らないのです。呼吸に意識を向けるときには、呼吸にとってよい姿勢を整えるのが、本来の姿であり、集中もしやすくなります。

14　よかったことを探し・できたことに気づく

その効果は4つある

「マインドフルネス速読」における、意識を向けての気づきのトレーニングで、大切にしていることに「よかったこと探し」「できたこと気づき」があります。

「マインドフルネス」を実践する人たちが実感や体感した点であり、実践や継続する理由にもなっています。事前に「よかったこと探し」「できたこと気づき」を知っておくことでも、自分だったらこうなりたいイメージを描きやすくなり、目的や目標となり集中しやすくなります。

ただ目の前の呼吸に意識を向けて、「よかったこと探し」「できたこと気づき」を繰り返すだけでも、いろいろな効果を感じられている方が多くいらっしゃいます。

それらの効果は、大きく分けて４つにまとめられます。①脳力アップ、②感情のコントロール、③メタ認知力アップ、④免疫力アップ。それらがまた、実践する目的や目標にもなります。ご自身の未来や、思い描く将来に参考にしてみてください。

15　脳力アップ（集中力・注意力）したら、どんなことに活用したいか

多くのことが短時間で要領よくできるようになる

マインドフルネスの効果として、一番よく紹介されるものでもあります。この効果が大きいからこそ注目され、企業でも研修として取り入れられるようになりました。世界のトップアスリートやスポーツ選手が求める究極の集中力、フロー状態が、自分の想いのままつくり出せて発揮できたらすごいことですよね。仕事にはもちろん、プライベートや日常にも有効活用ができるシーンはいろ

いろあります。

実は、速読以前に、集中できずに読書ができないと悩まれる方も多いです。そこで、取り組む前の細切れ時間を活用して、注意を集中します。集中力が高ければ、取り組む前の細切れ時間活用においても有効になってきます。

集中力がつくだけで、多くのことが短時間で要領よくできるようになったり、今までより気づくこともあり、いろいろな点でできるようになったと感じる方も多くいます。

16 感情がコントロールできたら、どのようになっていたいと思うか

感情に気づき、対処の仕方を知り、選ぶ

怒りや悲しみ、イライラや不安は、一見マイナスに見えますが、お1人おひとりが生み出した大切なものです。心理学的にも、決して悪いものでもありません。ただし、その感情をどう対処し、どのように対応するかによっては、マイナスになる可能性があります。

例えば、怒りの感情が生じて、その怒りを相手にそのままぶつけてしまうと、対人関係や人間関係に問題が生じます。そこで、自分の感情に意識を向けると、気づくことがあります。そして、することが見つかります。感情が悪いのではなく、感情に気づき、対処の仕方を知り、選ぶことが大切なのです。

それは、心理学にもつながり、考え方やとらえ方などにも関わります。目の前の感情にも、意識を向けて気づくことが大切です。決して自分の感情を、評価や批判するわけでもなく、無理に消すわけでもなく、変えるわけでもなく、感情にも、とらわれのない状態でただ観るトレーニングなのです。

17　メタ認知力アップしたら、どうなると思うか

メタ認知力とは

「メタ認知力」とは、自分のことでありながら、客観的に認識したり、第三者となって冷静に物事をとらえたり、俯瞰して物事を観る力のことです。

また、感情のコントロールにもつながります。

読書をすることでも、意識を向けて気づくことが可能になります。メタ認知力によって、物事に意識を向けて気づくことでも、相乗効果を発揮します。

そして、この能力は、仕事にも、プライベートにも、過ごし方にも、生き方にも活用ができます。

具体的には、読む前に目次に意識を向けます。疑問や知りたいことをメモしてもいいかもしれません。読み終わった後に要約してみます。これは読書療法にもつながります。質問や要約することで、俯瞰して物事を見たり、とらえたりすることにもつながる有効なトレーニングにもなります。

18　免疫力アップ！　心身脳の健康管理

集中呼吸法を毎日少しずつ行う

心身の健康は、とても大切であり、生きていくのに必要不可欠なものともいえます。毎日元気に過ごしていることは、当たり前ではなく、いろいろなおかげによるものなのです。人は1人では生きることができません。与えられた心身や命は尊くて、お1人おひとりがかけがえのない存在なのです。

自分に意識を向けることで気づくことがあります。そのときに、自分にも優しい思いやりの気持ちをもって接することが、とても大切です。

免疫力を高める方法として、例えば、集中呼吸法を毎日少しずつでも行うことによって、普段との違いに、気づきやすくなります。毎日行うことに意識を向けるので、ちょっとした変化にも感じやすくなります。例えば、朝起きたときに喉や鼻、お腹の調子が、なにか普段と違うということに気づけば、そこに意識を向けて、早めに対処することができるようになります。このように早期発見も、健康管理や免疫力アップにもつながります。

目の前の呼吸に意識を向けることによっても、いろいろな気づきがあり、能力アップにつながっていきます。呼吸も意識を向けて自分にも優しい思いやりの気持ちを持って接していただきたいと思います。

19　自分の目に、意識を向けたことがあるか

「目」にも優しい思いやりもってケアを

私たちは、普段、無意識にしていることが多くあります。できることが当たり前のようになり、できないときに、あらためて、できていることのありがたさを感じる機会となります。目で見ることは、その代表的なものともいえるかもしれません。

目を開いていると、いろいろな情報が入ってきます。そして、それに意識を向けることで、気づくことがあります。意識して見るのと、無意識で見るのと、感覚の違いを感じてみるのもいいかもしれません。

最近、次のようなことを感じたことはありませんか？

・集中力の低下
・理解力の低下
・記憶力の低下
・想像力の低下
・睡眠不足
・肩がこる、首がこる

もしかしたら、それらは目の疲れや不具合による影響かもしれません。私たちの目には様々な機能があり、素晴らしい脳力があります。年々、視力の低下を痛感する人が増えています。

例えば、手元のパソコンやスマホなどの小さな画面の中で、目をあまり動かさなくてもいい分、楽にはなりますが、日常生活で遠くを見ることは、少なくなりました。

私たちのご先祖様は、生きるために必要なものを収集したり獲得するために、遠くを見る機会も多く、広い視野も、よく見える視力を持ち備え、活用していました。それに比べると、今を生きる私たちには、とても便利な世の中ですが、その分、使われていない能力や機能も増えました。せっかく生まれ持った素晴らしい機能や能力を取り戻し、さらに活性化していくようにも、トレーニングを通して、活用していただきたいと思っています。

いつもそばにあり、お1人おひとりを支えてくれている「目」にも、優しい思いやりの気持ちをもって、ケアしてあげてほしいと願っています。これは、私自身が目についての不便さを常に感じていて、後悔と反省を込めた気持ちでもあります。

20　自分の目に意識を向けて、何かしていることはあるか

目に意識を向ける大切さ

日頃、私たちは情報を入手するのに、五感を使っているといわれています。特に、視力はその中

でも八割、九割を占めるともいわれています。そのくらい、私たちは起きている間、目を使わないことはないくらい、視力に頼っています。

その分、目に意識を向けて、その状態を気づき、目を癒し、いたわり、1日の疲れはその日のうちに解消して、翌日にはスッキリした状態でまた1日が始まることが望ましいのです。

しかし、そんな大切な目に、どれだけ意識を向けている方がいるでしょうか？　肩や腰が痛くてマッサージに行く方はいても、目のために何かする人は、とても少ないように思えます。

もっと目に意識を向けて、いたわりの気持ちを持ち、優しく接してほしいと願います。私自身が視覚に障碍があり、非常に不便を感じているからこそ、よりそのように思うのかもしれません。しかし、自分の体や心に意識を向けることは、とても大切なことです。そして、自分に意識を向けることで、感じることや気づくことがたくさんあります。

21　「見る」ことから脳を活性していこう

目を健康に保つ

私たちは、物を見たときに、その情報を脳に届けています。見た文字を絵にしたり、過去に見たものを思い出したり、理解や記憶にもつながっています。マインドフルネス速読では、そのようなトレーニングもしていきます。トレーニング後は、見ることによっても、今までと違って、感じることや気づくことがあり、そのことが心や脳を刺激し、活性化して、さらに今よりもよい未来や将来へつなげることもできます。

目と脳と心は、近いところにもあり、密接な関係でもあります。目に不調があったとき、気持ちが落ちつかなかったり、優れなかったり、イライラしたり、ざわざわしたりする経験をしたことはありませんか？　目が健康であることは、脳を活性化することへもつながっていきます。

22　脳の汎化作用をフルに活用しよう

目のトレーニングを日常行う

脳には「汎化作用」というものがあります。1つの能力が高まると、それに伴い、他の能力も上がるというものです。「マインドフルネス速読」では、心身脳の総合トレーニングを繰り返して、積み重ねていきます。五感も活用して、心身脳のバランスを整えていきます。脳を刺激し、汎化作用も活用して、さらによりよい未来や将来につながる可能性を広げていただきたいと思います。

私たちには、元々すばらしい力がいろいろあり、それが使われていないのは、とても残念なことです。使われない機能は、当然だんだん使えなくなります。それは、目も、脳も、心も同じです。いつでも好きなときに、好きなだけ能力が発揮できるように、普段から自分に意識を向けて活用し、柔軟に臨機応変に対応できるように、少しずつトレーニングしてくことが大切です。

目のトレーニングは、いつでも、どこでも、どなたでも、何度でもできる方法がいろいろあります。ぜひ、日常生活において目のトレーニングを行うという意識を向けて、細切れ時間にできることを探して、少しずつ実践してケアしてください。

本著で紹介するトレーニングも、気軽にできることがいろいろあります。ご自身の目にも優しい思いやりの気持ちをもって、癒し整えていただきたいと心から願います。

23　自分の脳に意識を向けて、何かした経験はあるか

素晴らしい力を持つ脳

私たちには、本来素晴らしい能力が備わっています。しかし、自分のことでありながら、知らないことがあります。また、気づいていないこともいろいろあります。そんな素晴らしい自分の能力に意識を向けて気づいていき、今より一層よくなりますように、活性化していきましょう。

素晴らしい力を持っている脳は、現実と想像の区別がつかないという特性を持っているようです。この特性を活用しましょう。例えば、まだ起きていない現実を想像してみると、脳は現実と想像の区別がつかないので、それが現実となっているかと認識します。そんな特性を活かして、今はまだ現実となっていない、自分が思い描く夢や願いを想像しましょう。リアルに思い浮かべることができれば、できるほど、それは現実に近づきやすくなります。

脳には刺激や変化に慣れる力、活性化する力がある

それであれば、速読ができるようになりたいと思ったことにも、活用できますよね。自分は速読ができて当然と思って、トレーニングをすると、今はまだできていないにもかかわらず、脳はできていると勘違いをするかもしれません。

イメージや想像できたことは、行動にも移しやすいものです。それに対して、自分には速読なんてできないと思ってトレーニングをすると、できない姿をとらえて、自分にはできないものだと思い込んでしまうかもしれません。私たちの脳には、刺激や変化に慣れる力があり、活性化する力があります。素晴らしい能力があり、それを有効活用しましょう！

以前、思考は現実化するといった本が流行ったことがあります。イメージを活用することで、それが現実となることを経験するのです。まだ現実となっていないことも、まるであたかも現実となっているかのように思って行動にしていることによって、それが自分でもできているように感じられ、積み重ねることによって、より現実化されていきます。

マインドフルネス速読は心身脳の総合トレーニング

「マインドフルネス」そのものだけでも、脳を刺激し、活性化するのに利用する方もいます。能力アップや集中力や注意力の向上に活かされる方もたくさんいます。これが今、世界で「マインドフルネス」が企業にも研修として導入されている理由の1つなのでしょう。それは仕事をするため

にも、それ以前に生きるためにも、大切なことであり、必要なことでもあります。

最近物忘れが激しい、記憶力の低下など、様々な能力の低下を感じる方は多く、それに対して、何かしようとする人が多い中、実際に行動する人、続ける人は少ないものです。

まず、目の前のことに意識を向けて気づくことが大切です。気がつけば、できることがあり、やることが自ずと見つかります。「マインドフルネス速読」は、心身脳の総合トレーニングです。そのうち、脳活性により、速く読むこともできるようにもなります。中には、速く読む以外の他の脳力がパワーアップしたことに気づかれる方も多くいます。まさに、この「できたことに気づく」のが、とても重要なのです！

ゼロから1に変えることは、エネルギーのいることかもしれません。しかし、ゼロから1に変われば、1から2は比較的、イメージもしやすく、行動も起こしやすいものです。そして、2から4、4から8……といったように、脳力アップに終わりはありません。

望むほど、臨むほど、活性すればするほど、可能性もどんどん広がっていきます。そんな素晴らしい脳力を意識して、活性化して、よりよい未来や将来につなげていっていただきたいと思います。

年齢に関係なく、意識を向けたときから、鍛えれば鍛えるほど、脳は活性化するといわれています。若い頃に比べて、記憶力や集中力の低下を感じるのは、アウトプットする場が少なくなったからです。それも今回のトレーニングと併せて、少しずつチャレンジして積み重ねられることをおすすめします。

アンチエイジングにもつなげる

ますます活性化を図って、アンチエイジングにもつなげて、いつまでも元気でハツラツとよりよいひとときを過ごせますように、トレーニングしていきましょう。トレーニングするうえで、大切なポイントとしては、脳をいかにご機嫌よく楽しく積み重ねられるか？「よかった探し」「できたことの気づき」です。このポイントを大切に、止めることなく、継続することにより、よりよい将来や未来につなげていきましょう。早速、トレーニングしていきましょう！

24　自分の気持ちに意識を向けてしたことに、何があるか

心理学・読書療法のエッセンスを取り入れた速読

私たちは、自分のことでありながら、自分のことにはなかなか気づかないことがたくさんあります。「マインドフルネス速読」では、心理学・読書療法のエッセンスも取り入れています。読書をすること自体が、意識を向けて気づきのトレーニング、カウンセリングでもあり、セラピーでもあるのです。心理学は、コミュニケーションツールとしても、知られています。

それは、他人とのやりとりばかりでなく、自分とのやり取りにも役立ちます。そのためには、まずは自分のことを知ることが大切です。その自分のことを知るのにも、心理学のいろいろな種類や方法があり、ワークがあります。もちろん、心理学によっても、考え方やとらえ方も異なります。

中には、真逆の位置づけにあるものもあります。マインドフルネス的には、評価や比較しなくてもいいのです。そのような考え方やとらえ方を知ることでも、自分の中でも、いろいろ感じるものがあり、変わるものもあり、それに気づきやすくもなります。

読書を通して、あなたの心の中の、普段、見せることのない、本当の気持ちにも意識を向けて、気づいて、大切にしていただきたいとも思います。本当の気持ちにも、よし悪しの判断や比較も必要ないのです。「マインドフルネス」にも含まれる「セルフコンパッション」の「自分にも優しい思いやりの気持ちをもって接すること」「あるがままを受け入れる」にも、つながっていきます。

このような考え方や、とらえ方を大切にしています。

25　読書療法（ビブリオセラピー）とは

読書療法はメンタルヘルス上の問題を抱えた人たちへの支援ツール

読書療法は、１９３０年代のアメリカの研究がきっかけで、メンタルヘルス上の問題を抱えた人たちへの支援ツールとして提唱され、広範に活用されるようになりました。カウンセラーや心理学者、精神科医、教育者によって利用されるほか、近年はソーシャルワーカーにも利用が拡大しています。

読書療法の形式は様々で、１人で本を読み進めていくこともあれば、カウンセリングと組み合わせてカウンセラーとクライアントという一対一の関係において用いられることもありますし、読書会による集団療法で用いられることもあります。

『読書には心理学に関わる部分があります。たとえば本の登場人物の中に自分の手本となる人物を見つけて、真似をすることで、自己改革につなげるモデリングがあります。登場人物が、自分と同じような問題を抱えて解決する姿に触れることでカタルシスを得ることもあるでしょう』

引用『日本読書療法学会』http://www.bibliotherapy.jp/jpn_whatsbibliotherapy.html

読書は、1人でいつでもできる、セラピーでもあり、カウンセリングでもあり、自分や目の前のことに意識を向けるのにも、とても有効な方法の1つです。それが海外、例えばイギリスではそれが国家として、認められ、治療としても活用されています。それほど素晴らしくて、有効なものを、ご自身でも、好きなときに活用できるのです。

読書は、かけがえのないお1人おひとりにとって、その日そのとき、必要なものが本を通して届けられるといわれています。本の種類にとらわれず、こだわらず、今、ここにご縁のある本からのメッセージを受け取っていただきたいと思います。

26「マインドフルネス速読」は、速く読むだけのスキルではない

目の前のことに意識を向けて気づきの読み方にもなる

かけがえのないお1人おひとりの中にある脳力は、とても貴重なものです。「マインドフルネス」

的には、評価や比較される必要もないのです。心理学的には、他人と自分の過去は変えられない。変えられるのは自分と未来、という考え方があります。

これも、自分の選択次第でとらえ方は、お1人おひとり異なり、そして変わっていきます。自分のものでさえ、見えにくいこともあり、気づきにくいものです。心理学を知ることで、物事の考え方やとらえ方を知ることもできます。そして、変えることができるのです。

それにより、物事を表現したり、伝える際にも、相手がどのようなタイプで、どのように伝えたら、相手に伝わりやすいか、客観的に考えることができるようになります。その問いかけは、自分とのやりとりにもつながります。

これらを踏まえて、ただ読書するだけでなく、読む前にも、読書している真っ最中にも、読んだ後にもいろいろ活用できることができるのです。そのためにも、目の前のことに意識を向けて気づくことと、自分にも優しい思いやりの気持ちをもって接することも、重要になります。

「マインドフルネス速読」は、速く読むだけのスキルではありません。「マインドフルネス」と組み合わせたことによって、目の前のことに意識を向けて、気づきの読み方にもなります。五感も大切にして、活用するので、物語をより一層味わい深く読んだり、感情移入して感動して読んだり、読み方もいろいろ楽しめます。

「マインドフルネス速読」を通して、自分の本当の気持ちを知るのにも、五感を活用して、心に磨きをかけるためにも、活用いただけたらと願います。

27　最近のことに意識を向けて、よかったと感じるものに何があるか

よかったこと・新しく気づいたことをアウトプットするトレーニング

私たちは普段、無意識にしていることがいろいろあります。日々の過ごし方や生き方にも、近いものがあるかもしれません。そんな中に、意識を向けることで、気づくことがいろいろあります。心理学ワークで「Good & New」があります。これは、よかったこと、もしくは新しく気づいたことを、アウトプットするトレーニングです。

まずは、「よかった探し」をしてみましょう。よかったと感じることは、お1人おひとり違うのは当たり前で、自然なことなのです。それを評価や比較をする必要はありません。日常のよかった探しは、何気ない当たり前のことが、当たり前ではないことに気づき、感謝にもつながります。それもまた、自分にも優しい思いやりの気持ちをもって接することにつながっていくのです。

「マインドフルネス」について、案内や説明をすると、その気軽さや、方法や種類の多さに驚かれる方がいます。難しく思い込んだり、勝手に評価や比較をされたりすることも多いです。しかし、「マインドフルネス」は、難しくなく、とてもシンプルなものです。そして、その要素を含める「マインドフルネス速読」もまた、目の前のことに意識を向けて、気づきのトレーニングをするので、どなたにも気軽に始められます。

「マインドフルネス速読」は「マインドフルネス」、「脳トレ」、「速読」、「心理学・読書療法」のエッセンスを取り入れた、心身脳の総合トレーニングになっています。

28 「マインドフルネス速読」の活用法

脳力に意識を向けて気づきのトレーニングをすることにより、することが見つかり脳力アップにつながる

物事は、１つずつの点と点がつながり、線となり、面となり、立体となり、形を成していきます。そして、それらがかけ合わさったとき、相乗効果を発揮して、想像を超えたものとなり、可能性がより一層広がるのです。

かけがえのない、お１人おひとりが持った脳力に意識を向けて、気づきのトレーニングをすることによって、することが見つかり、脳力アップにもつながります。やりたいことが見つかると、不安が軽減し、集中して取り組みやすくもなります。繰り返すことでも達成感につながり、できたことに気づくことでも、自信につながります。

できたことを受け入れることによって、さらにその脳力を高めようとする、貢献的かつ、建設的な行動にもつながっていきます。今の慌ただしい日常や、目まぐるしく変わる世の中だからこそ、自分のことに意識を向けて、気づくトレーニングが重要になってきます。そのトレーニングに取り組もうとしている自分に、優しい気持ちをもって、応援し続けていただきたいと願います。

29 これから何か始めたい方へ、今が絶好のチャンス！ 新しい速読活用！

実践する前にしておきたい3つのステップ

「行動が変われば、習慣が変わる。習慣が変われば、心が変わる。心が変われば、性格が変わる。性格が変われば人生が変わる」。

このような名言を言われた方がいました。その名言を座右の銘にされている方も多くいます。そういった素晴らしい脳力をより一層、有効に活用するうえで、いつでもそばで支え、守り、応援してくれるのが読書です。本は、既に体験した人が、見識、もしくは成功法則を伝えてくれます。そのことによって、自分が本来したいことへの早道や近道につながるかもしれません。実際に見たり、聞いたり、実際に体験することが、読書を通して得られます。

お1人おひとり、感じる感覚も異なります。絶対というものではなくでも諦めない限り続ける限り、目標達成にたどり着き、成長として私たちの中に刻み込まれます。今まで見たり、聞いたりしたことのないことを始めたり、自分が経験したことのないことを体験したり、実践する前に知っておくといい3つのステップがあります。それは本来実践すべきことの前にしておいたらいいこと、そして実践した後にしたらいいことです。始める前に設定してから、3つの段階を踏んで実践するということになります。読み終わってから振り返ることも可能ですが、実践する前にあらかじめ、この3つのステップを設定することで、意識を向けるきっかけとなり、有効な段取りとなります。

今までしなかったことをするのにで、慣れなくて時間がかかるかもしれません。少しずつ繰り返し、積み重ねることで慣れて、かかる時間も短かくなり、より有効に行動し、成果にもつながります。そのために知識や情報は自分の行動をサポートしてくれます。今は大変便利な世の中です。本以外にもインターネットを通して気軽に情報提供してくれます。

最新の情報を、気軽に探すにはインターネットも有効な手段と言えるでしょう。私自身ＩＴに関わり、それに魅了されて長く関わってきたことから、その便利さは常に感じ、活用しています。目的に応じて、手段は使い分ければいいと考えています。読み方もそれと同様に、目的によって、読み方を選び、決めるのも、大切な、読む前にすることの1つになります。

この3つのステップを意識することによって、普段しないことや、今までしてこなかったことを行動し、少しでも速く成果に結びつけることが可能かもしれません。そして、さらに深めたり、高めたりするのに、ぜひ、活用して、加速していただきたいとも思います。

マインドフルネスに関わることは評価や判断しなくていい

新しいことをチャレンジするのに、知っておくと便利な考え方として、この3つのステップがあります。そして、これらも細かく分けて、1つひとつの中にも実践することと、その前にしたらいいことと、そして実践した後にしたらいいことがあります。

そしてそのときに有効な方法として考え方として、うまくいけば、そのまま続ければいい、繰り返せばいい、うまくいかない場合は止めてみる、変えてみる。そんな考え方があります。私たちはどうしても今、目の前のことを評価や判断してしまいがちです。これであっているのか？　間違っているのか？　もしくは、他人と自分を比べて、いいのか悪いのか？　マインドフルネスに関わることは、評価や判断しなくてもいいという点も大切になります。

マインドフルネス速読にチャレンジしよう

今回、何かやってみようというものが、マインドフルネス速読としたら、大変嬉しく思います。マインドフルネス速読は、速く読むだけではありません。マインドフルネスや心理学・読書療法も含めた、心身脳の総合トレーニングです。これを習得する！　という1つの目的が持てる素晴らしいことをぜひ有効に活用していただきたいと思います。

それは今、ここ目の前のことは、もちろんのこと。これからの生涯、すぐ傍にあり、自分自身をいつも見守り、支え、応援してくれる応援団です。新しいことにチャレンジしてみたい、という今の気持ちをぜひ大切にしていただきたいと思います。そして、そんな気持ちを持つ自分に対して、優しい思いやりの気持ちを持って応援し、ぜひよりよくなるよう成長するようにも活用いただきたいと思います。今、既に忙しくしていることがあり、あるいは日常が忙しい方も多くいらっしゃるかもしれません。そこをあえて新しいことにチャレンジする素晴らしい心意気を応援しています。

第3章

日常生活における「マインドフルネス速読」活用法

1　仕事に活かす活用シーン

読む目的が明確

余暇におけるプライベートでの読書と異なり、仕事に活かす読書は、読む「目的」が明確であることが多いものです。例えば、ビジネスにおいて活用できるシーンとして、次のようなことがあげられます。

・メール・書類を読む
・仕事関連書籍・ビジネス書を読む
・新聞を読む
・プレゼンに活用する
・リーダーシップ発揮
・チームや組織でのコミュニケーションに活用

これらのシーンにおいて、「マインドフルネス速読」は、効果的に活用することができます。「マインドフルネス速読」は、読み始める前に、用途や目的に意識を向けて、集中力を高めていきます。

また、純粋に速読ができるようになるためにも、いろいろなトレーニングがあります。仕事で活かすために、次に紹介していくトレーニングがおすすめです。

2　マインドフルネス・集中呼吸法

呼吸法活用のすすめ

マインドフルネス・集中呼吸法を、仕事や何か物事を始める前に、時間の許す限り、例えば、1分でも、3分でも行ってみましょう。この呼吸法によって、これまで過ごしていた空間から、今から始める目の前のことへの切り替えるためのスイッチとなります。脳は、始まりと終わりを提示することによって、より集中しやすくなる特性をもっています。そのときに、「マインドフルネス」を組み合わせることによって、効果的に気持ちや脳の切り替えができるようになります。

集中呼吸法は、いつでも、どこでもできる一番シンプルで、基本的な方法となります。仕事以外にも、なにか物事を始める前に、短い時間でも実践するのがおすすめです。特に、プライベートな時間から、仕事への切り替えに効果的です。

慌ただしく取りかかるのではなく、準備に時間をかける際にも、気持ちを「今、ここ」に集中させてくれます。その方法も、1つではなく、いろいろありますが、集中呼吸法マインドフルネスを活用するのは、気持ちの切り替えだけではなく、姿勢を正して、呼吸を整えることによって、心が整い、とても集中しやすくなります。詳しい方法については、第4章の基礎トレーニングにて紹介いたします。

3　シュルテテーブル・文字探しトレーニング

文字探しのトレーニング

まずは、文字探しのトレーニングを行いましょう。

シュルテテーブル（5マス×5マスの表）に書かれている数字を見て、1から順番に探すトレーニングです。スマホなどのストップウォッチ機能を活用して、25文字をすべて探すのに、何秒かかったのかを記録しておくのもいいかもしれません。

まず最初に、表の真ん中に視点を置き、そこから文字を探していきます。ポイントは、表の真ん中に視点を置き、そこから視野を広げて、スピードを加速して探します。ここで数値を覚えておく必要はありません。1字1字文字を探すのではなく、今ここの精一杯の視野の中から、早く数字を見つけて先に進めます。段々視野が広がると、探す文字がとらえやすくなります。気持ちにもゆとりを持って、心の視野も広げて探してみてください。

視野を広げること、スピードを加速することに意識を向けることが、速読にもつながります。

高度なトレーニングですので、結果にはあまりとらわれないで、ただ観るくらいで構いません。ぜひ気長に、気楽に繰り返し続けて、トレーニングを積み重ねてください。

第6章で、基礎トレーニングの方法を紹介いたします。

〔図表5　文字探し〕

シュルテテーブル！
文字探しにチャレンジ

1から順番に文字を速く探します。

22	11	8	13	5
18	3	15	10	9
14	16	1	4	21
17	2	12	7	24
6	25	20	23	19

4　読書療法を活用しよう

読むだけでセラピーにもカウンセリングにもなる

読むだけでセラピーになり、カウンセリングにもなります。それを対人ではなく、ご自身で担うイメージです。

例えば、自分で、自分に問いかける質問をつくってみましょう。本1冊を読むときに、いきなり読み始めるのではなく、読む目的や理由、目標などを事前に確認しておきます。例えば、

・その本をなぜ読むのか？
・読んだら、なにが得られるのか？
・その本からなにを得たいのか？　など

質問づくりや問いかけづくりをどのようにつくっていいかわからない方、または、より具体的な質問や問いかけづくりをする際に、本の「目次」を活用することがおすすめです。

読んだ後にも、その問いかけに対して、自分で答えてみる。カウンセラーさんと、クラアントさんの、1人2役を自分でするようなイメージです。脳は、問いかけられると、答えを探そうと意識を向けて、アンテナも立ちやすくもなります。

また、最初と終わりを決めることでも集中しやすくなります。集中して読めない、読んだ本の内

容が入らない、残らないと言われる方にもおすすめです。自分がこれから読む目の前の本、あるいは文書に、意識を向けて、集中するための心や脳のよい準備運動にもなります。

読書は、ただ読むだけでも楽しめますし、他にもいろいろな活用方法もあります。例えば、本を通して、自分で自分に問いかけ、意識を向けて気づきのトレーニングすることでも、読書がさらに有効なものになります。読書は、本当にすばらしいものなのです。

5　マインドフルネス・書く瞑想（ジャーナリング）の有効活用

自分の手で書き出すことで視覚化する

私たちは、手にペンを持って紙に書くということができます。特に子どもの頃や、学生のときには、今よりも書く機会も多かったのではないでしょうか？　最近では大変便利になり、記録するという作業が、とても楽にできるようになりました。それにより書くという動作が少なくなりました。

しかし、自分の手でペンを持ち、紙に書くという作業が、心の整理や脳の整理にとても有効です。なぜかというと自分が書いた文字を、目で見ることによっても、意識を向けやすく、気づくことにもつながるからです。目の前の集中する仕事に対して、書くという作業が、脳や心の準備にもつながります。

アウトプットの手段として、ＴｏＤｏリストを活用される方もいらっしゃいます。その多くは、パソコンやスマホ等の機器を使うことが多いかもしれません。もちろんそのデータをその後にも活用したりするということでは、入力したほうが便利で、有効に活用できるかもしれません。

「マインドフルネス」的には、五感を大切にするという点においても、自分の手でペンを持って書くということがとても大切な行動になります。書く前にテーマを1つ決めます。

例えば「今、ここに感じること」「仕事について」など、テーマは自由に、設定していただいてかまいません。書いたものを目で見ることで、脳や心が整理されます。客観視する機会にもなり、メタ認知にもつながります。

書く瞑想をするときには、5分や10分等、時間を決めてとりかかるのも有効です。脳の習性として、始まりと終わりを決めると、集中しやすいとも言われています。

仕事中でのストレスや悩みや反省が残っていることもあるかもしれません。そのようなときにも、1日を終える際に、このように「書く瞑想」がおすすめです。今、ここの気持ちを心おきなくすべて書き出すことで、心身脳の整理にもつながります。もちろん仕事の内容について、改めて見直したいときにも有効です。

頭の中で考えることも大切な作業ですが、自分の手で書き出すことで、視覚化することによって、新たな発想やアイデアがひらめいたり、建設的な行動にもつながりやすくなります。大切にしている心の中の形のないものを文字にしてみるのもおすすめです。この「書く瞑想」は、「仕事」だけでなく、あらゆるシーンに活用できます。

６　家事は、複数のことをこなす凄い脳トレだとご存じか

家事にもマインドフルネスが活用できる

毎日繰り返す、家事。終わることのない掃除や洗濯などやることがたくさんあります。家事にも「マインドフルネス」が活用できるのです。

例えば、お料理に意識を向けてみましょう！　何気ない中、段取りを考えて進められていることを、無意識にしているかもしれません。無意識にしていることに意識を向けて、気づいたことを実行に移していきましょう。

特に食べ物を扱うということで、他の日常生活の行為より、視覚、触覚、味覚などの感覚がフルに活用される場でもあります。料理をつくる工程の１つひとつに、マインドフルネスを取り入れて、脳がご機嫌で気持ちよく活性化されるように、意識を向けていきましょう。

また、お皿洗いにもマインドフルネスを活用することができます。まず最初に、お皿についた汚れを、水やお湯で流すとき、目の前のお皿に意識を向けてみます。汚れが流れていく様子を観察してみてもいいかもしれません。

あるいは、水やお湯が、手に触れる感覚を感じてみます。水やお湯の温度、暖かさや冷たさを感じてみてもいいかもしれません。続いて、泡立った洗剤とお皿に意識を向けてみます。泡の状態の

感覚を感じてみてもいいかもしれません。

さらに、泡や汚れを水やお湯で流すことに意識を向けてみます。そのときの感覚を感じてみましょう。最後に、お皿にもう一度お意識を向けてみます。汚れが落ちて、きれいになったお皿に対して、どんな感覚があるかを感じてみます。最初の状態と、どんな違いがあるかを問いかけてみてもいいかもしれません。

このようにお皿洗いの過程の1つひとつに意識を向けることによって、普段無意識にしていることにも、いろいろ感じることがあります。そこに気づきがあります。特にこのように変化が伴うものは、意識が向けやすく、気づきが生まれやすいです。お皿洗いやお掃除は、特に作業の前と後の変化がわかりやすく、気持ちの変化も感じやすくなります。

普段の何気ないお皿洗いやお掃除が、目の前の体験に意図的に意識を向けることで、集中しやすくなりなります。終わったときの快感にも意識が向けられ、普段何気なく終わったのと違う、達成感を感じられるのもマインドフルネスの有効活用です。

特に日常生活でしていることと「マインドフルネス」の組み合わせは、気軽に、手軽に、取り組みやすく、習慣化もしやすく、有効に活用できます。今までちょっと憂鬱に思っていた、料理やお皿洗いやお掃除などの家事も、マインドフルネスと組み合わせることによって、今までとは違った気持ちや感覚で、取り組むことができます。

ぜひ気軽に実践して、ご活用ください。

7　時間に意識を向ける、時間の有効活用

時間を決めてとりかかると脳が集中しやすい状態がつくりやすくなる

「マインドフルネス速読」は、「速読」以外にも、様々なシーンに活用することができます。

その1つに、「時間に意識を向ける」ことに活用できます。

例えば、今から何分間する！　何時までに終える！　など、時間を決めてから取りかかると、脳が集中しやすい状態がつくりやすくなります。「始まりと終わり」が、あることによっても、一見終わりが見えない気が遠くなりそうなことにも、意識を向けてみることによって、集中しやすくなります。気づくことにより、どのように行動したらいいのかがわかり、実行に移しやすくなるのです。

●あなたの趣味はなんですか？　また、これから始めてみたいことはありますか？

なにか物事を学ぶのに、知識や情報を取り入れるのにも、いろいろな方法があります。まず、本を読むことは、比較的、気軽に始められる方法です。実に様々な本が、この世には存在しています。著者のお1人おひとりの思いを通して、読者の私たちが得られることもあります。

また、読書は疑似体験ができることも素晴らしい利点になります。そして、それらの知識や情報は、自分の心身や五感を通して得られることができます。これらは、今から学ぶことや、これから始めることにも、とても有効に働きます。

その際にマインドフルネス速読を活用することによっても、たくさんの知識や情報を、効率的に収集し、習得することができます。あるいは、マインドフルネスを実践することでも、今から始める物事に、意識を向けて集中して取り組むことにもつながります。

自分のしてみたいことや、好きなことや趣味を、マインドフルネスと組み合わせることで、意識が向けやすくなり、集中しやすくなり、より一層好きになる気づきになるかもしれません。

8　マインドフルネス・食べる瞑想

食べるマインドフルネス

無意識に行動していることに「マインドフルネス」を組み合わせると、意識を向けて、新しい気づきを得ることができます。

まず、紹介するのが「食べるマインドフルネス」です。これは、今から食べる、食べものに意識を向ける、そのときの感覚を感じて、気づきやすくします。自分の好きなものに意識を向けるので、集中しやすくなります。

また、マインドフルネスでも大切にしている、五感を活用します。五感も、意識して活用することによって、その力を取り戻し、より研ぎ澄まされるようになるのです。食べるものに意識を向けることは、五感を使うのにとても有効なトレーニングになります。

普段であれば、すぐに飲み込んでしまうような食べ方も、マインドフルネスを通して、普段の食べる前に、あるいは食べている間、意識を向けて、気づくトレーニングを行います。

例えば、食べる前になにか１つの食べ物に意識を向けます。そのときに五感を活用します。目に見えるもの、耳に入ってくるもの、鼻に入る香り、手に触れる感覚、それらに意識を向けて、集中して感覚を感じてみます。これまでに何度も口にした食べものも、生まれて初めて見るかのような強い興味を持って、五感を集中して活用していきます。

それから、ひと口目を口に入れます。それもまた五感を使って、その時の感覚を感じます。口の中に入れてすぐに飲み込むのではなく、ひと口めをゆっくり時間をかけて、五感を使って丁寧に感じてみましょう。すると、いつもと同じような食べものでも新鮮に感じられ、気づくことがいろいろあります。

例えば、これまで何度と食べてきたご飯。見た目に一粒ひとつぶ、目にするものや感じるものが、いつもとは違ったものが感じられ、気づくことがあるかもしれません。味つけがシンプルな食べもののほうが、感じやすいかもしれません。また、果物などの香りを感じやすいものもおすすめです。そしてなにより自分の好きな食べものですることによって、より一層興味が増して、美味しく感じられる方も多いです。

１人で実践してもいいですし、同じものを他の方と一緒に食べてみて、どのように感じたか等を話して共有してみるのもいいかもしれません。そのことによって、他の方と共感にもつながります。

また、すてきなマインドフルネスひとときにもなります。

私たちは、食べるものによって生かされています。食べなければ、生き続けられることができないのです。生かしていただいている、食べものに意識を向けることは、よりよく生きることにもつながります。そして、おすすめなのが、その食べ物に感謝の気持ちをもつということです。それはつくってくれた方への感謝の気持ちです。あるいは素材をつくってくれた方への感謝、運んでくれた方への感謝など、感謝をする人が、たくさんいることに気がつきます。

普段何気なく飲み込むように食べている食べものに、意識を向けることによって、このように気づくものがたくさんあるのです。そして、その気づきは健康にもつながります。感謝の気持ちを持って食事をとると、暴飲暴食がなくなり、ダイエットにつながります。食べることが好きな方には、特に有効なおすすめの活用方法です。

9 マインドフルネス・音を聞く瞑想

視覚以外の感覚が活用されやすくなる

好きなものや趣味の中に、音に関するものや音楽をあげられる方も多いです。私自身もまた、音や音楽が大好きです。音は、目に見えにくいものですが、感じられることがたくさんあります。

「マインドフルネス」においてすることは、ただ耳に入ってくる音に意識を向けるというものです。

音にも、何気なく入ってくるものもあれば、意識して耳に入ってくるものもあります。いろいろな音が聞こえてくることでしょう。その中の1つの音に耳をかたむけて、意識を向けてみます。

意識を向けやすくするために、例えば、目を閉じて、耳をすませてみます。どんな音が聞こえてくるでしょうか？　普段は、目から入る情報が多いこともあり、目を閉じることによって、視覚からの情報が閉ざされます。そのことによって、視覚以外の感覚が活用されやすくなります。決めた音に意識を向けて、そのときの感覚を感じてみましょう。

また、途中で、意識を向ける音を、違う音に切り替えてみてもいいかもしれません。問いかけることで、脳はその問いかけに応えようとして、反応がよくなり、アンテナが立ちやすくなります。これは、アウトプットのいいトレーニングにもなります。そんな感覚を楽しんでみてください。

普段しないことをすることで、脳を刺激し活性化する、トレーニングにもつながります。視覚以外の方法で、音に意識を向けることによって、普段とは違った気づきがあるかもしれません。

かけがえのないあなたのすばらしい感覚で、自分の好きなことに意識を向けて、「今、ここ」を感じてみましょう。五感も、心身脳もつながっています。活用するほどに一層活性していきます。

自分の好きなことがよりよくなれば、ますます心身脳も活性していきます。また、問いかけ、気づきの繰り返しにより、好奇心を拡大させていきましょう。

好きなことがあるなんてステキなこと、好きなことに取り組むすばらしい自分にも、優しい思いやりの気持ちを持って、さらに脳力を底上げしていきましょう！

〔図表６　マインドフルネス実践の足跡〕

マインドフルネス実践の足跡

実践内容や気づきを[書く瞑想]しましょう。

実践日・天候	実践したマインドフルネス	気づいたこと・よかったこと

日々のマインドフルネス実践・継続に活用ください。

第4章

「マインドフルネス速読」は、未来を変える

1　1日を28時間にする秘訣

時間を有効に活用するのにおすすめのマインドフルネス速読

多くの人が口にする言葉「時間がない」「忙しい」ですが、1日24時間は、誰にも平等に与えられたものです。それをどう使うか？　どんな価値をもたらすのか？　それは本人次第で変わっていきます。

だからこそ、お1人おひとりが意識を向けて、時間の使い方を選択して決めています。なにか新しいことを始めるのには、新しい時間が必要となります。特に今までしてこなかったこと、今できていないことをするのには、それらができるようになる練習や時間も必要となります。今がとても大変で、忙しくて、その時間が取れないという声も、よくお聞きします。そのような忙しい方にも、マインドフルネス速読は、時間を有効に活用するうえでも、おすすめです！　マインドフルネス速読は、時間を有効に活用するうえでも、おすすめです！　集中できないことが多くある中、目の前の時間に意識を向けて集中できると、有効な価値をもたらします。今の忙しい中で練習する時間を取るのは難しいかもしれません。しかし、長い目で見たときに、今、ここから先の生涯において、使えるものを習得するのであれば、少しでも早いほうがいいに越したことはありません。物事に遅すぎることはありませんが、また、早すぎることもないのです。今すぐ始めましょう！

2　マインドフルネス・4―7―8呼吸法

寝る前におすすめの呼吸法

時間をつくるために睡眠時間を削って、寝不足で集中できない状態でトレーニングをするのは本末転倒になりかねません。まずは、良質な睡眠が重要です。朝までぐっすり眠れること、朝すっきり目覚めることは、とても大切なことで、生きるうえでも必要なことでもあります。最近は様々な睡眠障害を感じられている方も増えています。

また、睡眠時間が長いからといって、よい睡眠とは限りません。そこでおすすめなのが、寝る前に行う読書とマインドフルネスです。先述しましたが、ただ目の前の呼吸に意識を向けるだけでも身体が整い、呼吸が整い、心が整います。読書により、今、ここに気持ちの切り替えにもなります。

そのため、寝つきがよくなったり、朝まで熟睡できたり、朝の目覚めがとてもよくなったなど、睡眠も良質なものになる方が多いです。

「4―7―8呼吸法」という寝る前におすすめの呼吸法があります。これは、集中呼吸法をする際に、数を数える比率に意識を向けて、呼吸を行っていくものです。

具体的には、４秒ではなく、自分のペースで、４カウント使って息をゆっくりと吸います。続いて、７カウントを使って息を止めます。最後に、８カウントを使ってゆっくりと息を吐き切ります。

この繰り返しを行うだけなのです。

時計の秒数ではなく、カウントなど、お1人おひとりの「今、ここ」でできる長さで構いません。比率として4：7：8を意識して、呼吸を繰り返していきましょう。そのことによって、さらにリラックスすることができ、睡眠がよりよいものになります。

1日のお仕事や家事やプライベートなどのいろいろなことに、熱心に取り込まれて疲れた後は、最初は短い時間でも、毎日少しずつ、実践して繰り返していきましょう。あとは早めに就寝して、あらためて朝に、練習時間を取って実践を続けるのがおすすめです。朝の時間は、自分次第で比較的調整がしやすいから便利です。今ここから、早速はじめていきましょう。

3　短時間読書もおすすめ

短時間でも集中して読むことができる

忙しい人にこそ、おすすめなのが、短時間の読書です。読書はしなくても毎日過ごすこともできるため、読書の優先順位がどうしても後回しになりがちです。長い時間を確保しておかないと読書できないと思い込みがある方もいます。だからこそ、短時間でする読書は、おすすめです。集中力もアップします。

例え、10分でも集中して読めた読書は、とても良質であり、有効なものになります。マインドフルネス速読を活用して、短時間でも集中して読むことができ、その後の集中力の継続活用や気づきにもつながり、今までの読書の質や価値が変わります。未来や将来にも意識を向けてみて、「今、ここ」から、短時間でも、細切れ時間を見つけて、未来や将来に有効活用しましょう！

そのときに大切なのは、忙しい中でも、読書や新しいことを始めようとする行動力ある自分にも、優しい思いやりの気持ちをもって応援してください。

4 ピンチをチャンスに変える！

人生の中には、転機と呼ばれるものがある

人生の中には、転機と呼ばれるものがあります。それは予期せぬタイミングにやってくることもあります。それは、未来をよりよくする機会として、過去を見つめる機会や見直すタイミングとして、届けられたギフトなのかもしれません。

人生は、いつもうまくいくとは限らず、ピンチが何度も訪れるかもしれません。それも考え方、とらえ方次第で、ピンチはチャンスになる前兆かもしれません、それもお1人おひとりによっても異なりますし、個人の中でも、変わっていくものです。

秘訣は、ピンチをおかげさまと、とらえることです。物事には意義があります。自分に必要で貴重な経験だと思い、チャレンジする自分に優しい思いやりの気持ちを持って、応援します。

5　他人と自分の過去は変えられない。変えられるのは自分と未来である

書く瞑想が有効

「他人と自分の過去は変えられない。変えられるのは自分と未来である」。

偉人たちの名言や、座右の銘としてもあげられる言葉です。この言葉も見方やとらえ方によって、変わっていきます。私たちには、考える癖や思考パターンがあります。それは、自分のことでありながら、自分では意外と気づかないものです。それを客観的にみるのにいいトレーニングがあります。先述した、マインドフルネス「書く瞑想（ジャーナリング）」が有効です。

書き出すテーマは、たくさんあっても構いません。1つにとらわれずに、いろいろ書き出してみましょう。まずは行動することが、とても大切です。過去は変えられなくても、観ることはできます。そのときに、この書く瞑想で、心おきなく書き出してみてもいいかもしれません。それは、誰かに見せるわけでもなく、評価や比較する必要もありません。

優しい思いやりの気持ちで、あるがままを受け入れ（セルフコンパッション）、とらわれのない状態で、ただ観る（マインドフルネス）が、人生の転機として未来を見直す機会を、サポートしてくれます。例えば、行き詰っているときなどに書いたものを見てみると、ピンチをチャンスに変えるヒントが書かれているかもしれません。

まず最初に、ひっかかる嫌な過去の事実だけを書き出してみましょう。次のテーマとして、その事実に対して、どのように感じたのか？ 思ったのか？ 感情を心の赴くまま書き出してみてください。文字にして、目にすることによって、頭で考えていたより、違った見方ができるようになり、冷静な判断や客観的な視点で考えられるようにもなります。

私たちはその渦中にいると、視野が狭くなりがちで、周りが見えなくなりがちなものです。渦中から少し距離を置いて、広い視野で観ることがとても大切になります。ものの見方として、枝を見る見方、と森を見る見方があります。どちらもそれぞれによさがあります。それを自分の置かれた状況に合わせて、冷静に切り替えて、活用していきましょう。

「マインドフルネス速読」を通して、目も心も広い視野で大きくとらえて、物事を柔軟にとらえられると、ただ速く読むだけではない、有効に活用ができるようになります。

6 セルフコンパッション（慈悲瞑想）とは

思いやりの気持ちをもって自分の応援をする

人生の転機には、いろいろと考えさせられることが起きます。時には、少し心が弱ってしまうこともあるかもしれません。

例えば、就活試験や資格試験で合格できなかったとき、自分には価値がないかのように、自分の価値を低くしてしまうことがあるかもしれません。しかし、かけがえのないすばらしい存在であることに変わりはありません。私たちには、どんな状況にあっても、優しく思いやりの気持ちをもって接することができる力があります。それを、普段は意識を向けることの少ない、自分にも向けてみましょう。これが「セルフコンパッション」と呼ばれるものです。

「マインドフルネス」とも関係があります。また、セルフコンパッションは、「マインドフルネス速読」でも大切にしている考え方でもあります。人生の転機を迎えるにあたって、これからの未来をよりよくしようとする自分を、優しい思いやりの気持ちをもって応援し、見守り、励ますように、意識を向けることは、とても大切です。それにより、過去の失敗や未来の不安から、「今、ここ」に戻ってきましょう。

「マインドフルネス速読」は、「今、ここ」に集中して一生懸命取り組むお1人おひとりを、そばで見守り、支えます。マインドフルネスとセルフコンパッションも併せて有効に活用してください。

7　セルフコンパッションの重要性

自分を応援する気持ちの大切さ

これから何か始めたい方におすすめなのは、自分を応援する気持ち、セルフコンパッションが重要なのです。

物事にはタイミングがあります。「思い立ったが吉日」！ 今が絶好のチャンスです。なぜなら、今あなたを応援するのに、マインドフルネス速読とセルフコンパッションとご縁があるからです。私たちには、いろいろやってみたいと思う気持ちがあります。あるいは、今よりもよりよくなったらいいな、と願う気持ちもあります。

その必要性や強さによって、行動につながっていきます。特に、今までしたことのなかったことに挑戦をしようと思う気持ちからの行動は、成長にもつながります。そのときにあるといいのが、知識や情報、体験です。私たちには、学習能力があります。実際に経験を積み重ねていくうえで、よりよく、有効に活用する方法を考え、行動し、学んでいきます。

そしてそのとき、本や読書を通したものも、それに近いものがあり、挑戦する行動の助けになります。新しいことにチャレンジしてみたいという気持ちをぜひ、大切にしていただきたいと思います。

8 あなたは過去に悩みがあったとき、どのように解決しようとしてきたか

読書には必要なものを届けてくれる力がある

人の悩みは尽きないものです。それも、思いがけないタイミングで、予期せぬ状態で起こることもあります。時には人にも話せずに、自分の中で閉じ込め、封じ込めたり、感情も押さえ込み抱え

込んでしまうケースもあったかもしれません。

そんなときにも本は、いつでもそばにあり、見守り支えてくれます。読書には、見えない不思議な力があります。それはお1人おひとりの、今ここに必要なものを届けてくれるという力です。それは、そのときではなく、後から気がつくこともあります。本から、先に経験された著者の知識や情報、経験を、疑似体験することができます。自分では実際に経験したことがなくても、本を通して、それに近い体験を描くことによって、軌道修正をすることや、挑戦することができます。

本はそのようなことを引き出すのにもよい機会となります。特に悩んでいる最中は、落ち着いて周りを見る余裕がなくなっているものです。そんなときにこそ、めぐりあう本とのご縁は必然です。何かしら解決のヒントを届けてくれているのかもしれません。

9　物事には、出会うタイミングがある

マインドフルネス速読で本からのギフトをたくさん受け取ってほしい

速読を途中で挫折した方の中には、もしかしたら、後もう一歩でできたことを実感するところにあったかもしれない方が多くいるかもしれません。そういう意味では、「マインドフルネス速読」では、速く読むだけではなく、目の前のことに、意識を向けて気づくこと、考え方やとらえ方により、脳や心のトレーニングも含めて行っています。トレーニングの中で、できたことに気づくこと、

よかったことを探すことでも、未来が大きく変わっていきます。

できたことがわかると、もう一段階上のやることがイメージしやすくなります。それにより行動にもつながります。それは単に本を読むだけではなく、日常生活の過ごし方や生き方にもつながり、広がっていきます。

物事には、出会うタイミングがあります。今回このように、マインドフルネス速読に、出合っていただいたことにもきっと意義があります。引き寄せていただいたご縁に感謝するとともに、大変嬉しく思っています。マインドフルネス速読を通して、本からのギフトをたくさん受け取っていただきたいと願っています。

10 最後に読書を楽しんだのは、いつ頃だったのか

読書の楽しかった経験を思い出してください

私たちは、決められた時間の中で、やらなければいけないことがあまりにも多くて、読書にかける時間は優先順位が低いことが多いものです。ですが、過去に読書を楽しんだ経験をお持ちの方はそのすばらしさを知っていて、経験しているので、常にできればいいなという気持ちがあるのではないでしょうか。

もし自由な時間があって、読書に使える時間が無限にあれば、読みたい本はたくさんありますよ

ね。優先順位を考えると、読書よりも、他にしなければいけないことがあり、読書にまでたどり着けずに、1日が終わってしまうことがありませんか。

そんな方にこそ、マインドフルネス速読を活用して、読書の楽しかった経験を思い出していただきたいと思います。今、ここでも読書の楽しみを今ここでも、味わい楽しんでいただきたいと願っています。

11 五感を活用して読む「マインドフルネス速読」

速く読むだけでなく、いろんな読み方に切り替える選択肢もある

最近では、ビジネス本や自己啓発本が多く読まれる傾向にあるといわれています。それが日々の実践につながりやすく活用しやすいところからも、読んだ後にもすぐ活用できるとして重宝されているのも人気の背景にあるかもしれません。

しかし、なかなか余裕がないと読まれない小説ならではのよさにも注目してほしいところです。小説の楽しみを知っている方には、ゆっくり味わいたい、もしくは声に出して朗読してみたい本もあるかもしれません。その場合には、速読ではなく、違う読み方のほうが、目的に合っているかもしれませんね。マインドフルネス速読は、速く読むだけではなく、いろんな読み方に切り替える選択肢も含まれています。

マインドフルネスを有効に活用して、集中して読めるように心身を整え、五感を研ぎ澄ます。例えば、物語の主人公になりきって、疑似体験をする。自分の経験において、物語に合った舞台設定を連想していくなど、物語の内容を今まで以上により一層味わい深く、楽しむことにも活用していただけたらと思います。

12　マインドフルネス・ボディスキャンで、五感をフル活用！

小説を読むのに集中しやすくなる

マインドフルネス瞑想というと、集中呼吸法が基本的な方法として、よく紹介されます。別の方法として、意識を向ける先を、呼吸から、身体の各部分に移していく「ボディスキャン瞑想」という方法があります。

身体の感覚に意識を向けるので、五感が研ぎ澄まされていきます。小説以外にも有効ですが、小説を読むのにも、以前より一層、物語に集中しやすくなったり、登場人物への感情移入がしやすくなったり、ストーリーに入りやすくなったりします。

「ボディスキャン」では、意識を向ける先を身体の各部分1つひとつに移していくので、集中しやすい方も多いです。医療機器のＭＲＩ・ＣＴスキャンやＩＴ機器スキャナーのように、焦点を当てる部分を少しずつ移していきます。

例えば、鼻から息を吐いたり、吸ったりした意識を、胸に移します。そのとき、どんな感覚があるか感じてみます。その後、お腹、ひざ、ふくらはぎと、移していきます。そのことによって、身体に意識が向いて、身体とともに五感が活用されていきます。

13 読書療法＋マインドフルネス・書く瞑想

カウンセラーとクライアントの1人2役で読む楽しみ

小説の場合、読む目的や目標をあらかじめ設定する機会は少ないかもしれません。それでもせっかく読んだ小説をより有効活用するうえで、自分で問いかけづくりをして、自分で回答する、カウンセラーとクライアントの1人2役を読んだ後にしてみると、ただ読んで終わるより一層、余韻を楽しめたり、思い出したり、印象に残りやすい、読書の後を有効活用する行動につながります。

そのときに、頭の中でイメージするだけではなく、紙にペンで書き出すことによって、視覚化することにより、イメージするよりは、理解を深めることができます。

小説の読み方にもいろいろあります。どこに、あるいは誰に、意識を向けるかによっても、とらえ方や感じ方も変わります。過去に読んだ本でも、また重ねて読むことによっても、新たに気づくことがあります。過去とは異なる点や、さらなる理解の深まりにもつながっていきます。

過去に感じた読書の楽しみを、今、ここに思い出して、読書の実践につながり、今後、活用いただけたらうれしく思います。

14　マインドフルネス・読む瞑想を活用

読み始める前に読むものに意識を向け、集中力や気持ちを整える

「今、ここ」で読書好きな方へ、すでに読書を楽しまれていて、より一層楽しんでいただくのに、おすすめなのは、マインドフルネス「読む瞑想」です。読み始める前に、読む物に意識を向けます。例えば、時間を少しとって目次を観ます。五感を活用して、いろいろ気づくことや感じることを、書く瞑想します。それによって、読書を始める前に、集中力や気持ちを整えやすくなります。

読書には終わりはなく、同じ本を何度か読み重ねても、そのつど、気づきがあります。この世の中に存在する本の数は、一生かかっても読み切れないほどの莫大なものです。その中から出会える本とのご縁は奇跡であり、必然でもあります。出会った本とのご縁も大切にしていただいて、より一層読書を楽しんでいただきたいと願っています。

いろいろな本がある分、いろいろな読み方に切り替えて読むことで、楽しみ方も増えていきます。

本や文章を読むのに、何らかの目的があります。目的を果たすための読み方を選ぶ必要があります。速読は、その読み方の1つです。速読ではなく、マインドフルネスが有効な場合もあります。本や文章に意識を向けて注意を集中する、読む瞑想が有効で、読書の有効活用につながります。

15　いつも元気で生き生きと過ごせたらいいと思わないか

運動・休息・栄養のバランスをとっているか

唐突ですが、毎日をはつらつと、幸せに生きられたらいいと思いませんか？

その秘訣は、運動・休息・栄養のバランスにあります。そして、ストレスを低減するのも大切です。それらは、アンチエイジングにもつながります。脳は、年齢に関係なく活性することが可能ともいわれています。

マインドフルネス速読の要素には、それらが含まれていて、何に意識を向けて、選んで実行するかにおいても変わってきます。今回は、そのうちからいくつかを簡単に紹介しますので、参考にしてください。

16　マインドフルネスで免疫力アップ！

意識を向けることで、早期の発見、対応につながり健康アップ

健康は、一生にかかわる取り組みでもあり、お1人おひとりでも異なり、日々の生活の中でも変わっていきます。だからこそ、今、ここでどんな状態なのか？　自分に意識を向けて、気づくこと

が大切になります。そして、気づくために、マインドフルネスにおいて、いろいろな方法あります。例えば、「集中呼吸法」を毎日少しずつ続けることでも、自分の心身や呼吸に意識を向けて、日々、健康における変化に気づきやすくなります。意識を向けることで、心身状態において、早期発見や早期対応にもつながります。それらは、健康管理になり、免疫力アップにもつながります。

マインドフルネスが、ストレス軽減にもつながり、アンチエイジングにも有効ということで、様々な分野にも取り入れられ、活用されています。

いつも元気で活き活きハツラツ幸せに生きるためにも、ストレス低減やアンチエイジングにも、マインドフルネスを実践しましょう！

17 マインドフルネス・歩く瞑想に活用

歩くマインドフルネス

ゆったりとした集中呼吸法で、心身脳が整えられたら、運動にも活用していきましょう。マインドフルネスは、集中呼吸法だけではなく、動きながらする方法もあります。それが、歩くマインドフルネスです。

普段何気なく歩くところにも、意識を向けて、気づきのトレーニングを取り入れます。具体的には、歩く動作の感覚に意識を向けて感じてみるといいでしょう。動きがあることも集中しやすく、気分転換にもなります。

18　脳活性！　読書活用

脳への栄養補給としては、読書がおすすめ

栄養にもいろいろあります。食べものから得るものもあれば、脳への栄養補給としては、読書がおすすめです。年齢を重ねていくとは、経験を積み重ねるということでもあります。

子どもにはない知識や情報、体験が、おとなにはあります。それらを有効に活用するのも、読書が適しています。

今の自分は、過去に取り入れたものによってつくられています。子どものときと異なり、おとなになると、それらはお1人おひとりが選び、決めています。身体にも、心や脳にも、良質な栄養を取り入れるのに、読書の活用がおすすめです！　本に意識を向けて読書することで、脳を活性し、得られるものもいろいろあります。望めば、未来を変えられる、できることがあります。そんな力をお1人おひとりが持ち備えています。物事を変えるには、時間や労力、エネルギー等が必要です。本を通して、著者からの知識・情報や経験、あるいは本の登場人物のメッセージから得られるものもあり、疑似体験も得られます。ぜひご自身も、優しい思いやりの気持ちで、いつも見守り、応援し続けて、夢や願いをかなえてください。

第5章　意識を向けるだけ！
マインドフルネス速読の10のポイント（準備編）

この章ではマインドフルネス速読の10のポイントを紹介します。

マインドフルネス速読では、名前にも含まれているマインドフルネスの考え方、とらえ方を大切にしています。あらためて確認をしておきますと、マインドフルネスの「マインドフル」が形容詞で、「意識を向けることを、気づくこと、気に留めること」という意味があります。

そして、マインドフルネスでは、「目の前のことに、意識を向けて、評価をすることなく、とらわれのない状態で、ただ観る」といわれています。速読をトレーニングするのにも、とても大切な考え方です。それを気にとめながら、今からマインドフルネス速読のポイントを観ていきます。

1　本を読む前、意識を向けて、何かしたことがあるか

マインドフルネス速読は速く読むスキル

読み方にもいろいろあります。黙読・音読・精読・通読・飛ばし読みなど、他にもいろいろな読み方があります。

本書を読む前に、読み方に意識を向けて、読み方を決めて、読み始めた人は少ないと思います。

速読は、速く読むスキルです。

本来、目的に合った読み方に変えるのが、目的を達成するための行動です。目的に合わせて、読み方を変えたほうが有効ですよね。

とても重要なことなので、確認のため、繰り返し伝えさせていただきますが、「マインドフルネス速読」は、速読が入口ではありますが、目的に合った読み方を選び、切り替えることも目指していきます。それも読書活用であり、有効な利用方法となります。普段読む本とは、ジャンルの異なる本を読むことでも、脳を刺激し、活性化することにもなり、読書療法となっています。

マインドフルネス速読で、普段使わない様々な脳力にも意識を向けて、気づきを得て、活性化するトレーニングをしていきます。速く読むだけではなく、読み方を切り替えることを意識して実践するのも、脳を刺激して活性化することにつながっているのです。今まで意識を向けなかったことも、「今、ここ」に意識を向けることで、気づくことがあります。それは得られたこととして、積み重ねていくことができます。

マインドフルネスの考え方から、目の前のことから意識が外れたら、そのことに気づいたことが大切だと、とらわれのない状態で見て、目の前のたった1つのことに戻ります。

何度でもやり直しをしてもいいのです。そのような繰り返しを積み重ねていくトレーニングなのです。

「読み方の切り替え」というと、今までしたことがないと、迷われる方もいるかもしれません。意識を向けようとする、姿勢や行動・態度や方法もマインドフルネスであり、活用の1つともいえます。

続いて、読み方の違いに意識を向けてみましょう。

2　読み方に、どんな違いがあるのか

読書は心身の脳を調整する総合トレーニングでもある

読み方として、黙読・音読・精読・通読・飛ばし読みなど、他にもいろいろあります。いろいろな目的があるのと同時に、読むことにも、目的や理由があります。そんなことを意識したことがありますか？

例えば極端な例でお話しますと、パパやママ、おじいさまやおばあさまが、子どもたちに向けて読むときには、音読をします。それは、読み聞かせをする場合、朗読になります。意識を向ける先は、子どもたちや本となります。

それに対し、例えばビジネスシーンでプレゼンをするときに読むのとは、まったく目的が異なります。

同じ音読をするにしても、その目的にあった読み方が必要なのです。普通の読書をする際、黙読をしているのにも関わらず、頭の中で音にしているケースがあります。

音読は脳を活性化するのに素晴らしいトレーニングではありますか、速読をしたい場合はスピードを出したいところに、ブレーキをかけてしまうといった少し邪魔な存在になってしまいます。これも本来の目的や目標のためになにを選ぶかが大切になります。

おすすめとしては、本を読み始める前に、まず最初にその本を何のために読むのか目標や目的を考えてみることが、準備トレーニングとなります。

そのためにいろいろできることがあり、その1つとして、目次を見るということが手軽であり、有効に活用していただけます。

本の構成として、本文が始まる前にある目次は、その本全体のおおよその内容をつかむのにも、とても便利です。

出版社も、力を入れて目次をつくっているといわれています。

そのような大切な目次を、私たち読み手も有効に活用すると、本全体を効果的に読むことができます。

そして、本を読み始める前に、読み終わった後にどうなっていたいかを想定するといったようなことも、読む前にできる準備となります。マインドフルネス速読では、心理学の読書療法のエッセンスも活用しています。その中で読む前に、問いかけづくりをすること、質問をつくることも大切になってきます。

今、自分がどんな読み方が必要なのか、どんな読み方をしたらいいのか？　を想定することが大切な準備となります。

そして、読書は単なる読み物だけではなく、心身の脳を調整する総合トレーニングでもあります。

それには、マインドフルネス速読の方法を取り入れることで有効に活用することができるのです。

3　自分の目に意識を向けてみましょう

目の疲れを癒し解消する

目を閉じた状態で、目や目の周りに、どのような感覚があるかを感じてみましょう。目から情報が入ってこないことにより、視覚以外の他の感覚が研ぎ澄まされ、活用されます。

目を閉じたまま、今、ここの感覚に意識を向けてみます。

そのときにどんな感覚があるでしょうか。

明るさや暗さの感覚を感じてみてもいいかもしれません。

重みや軽さの感覚を感じてみてもいいかもしれません。

空気の暖かさや冷たさを感じてみてもいいかもしれません。

最後に目を開ける前に、いったん目にギューと力を入れてみます。顔の真ん中に、目を寄せるイメージです。

そのときにどんな感覚があるでしょうか？

そして、「パッ」と目を見開きます。

どんな感覚があるでしょうか？

この「ギュー」、「パッ」を数回繰り返すことでも、目の疲れを癒し、解消します。手も一緒に、

「グー」（と結んで）、「パッに（開いて）をすることでも「指は第二の脳」といわれる、指運動にもつながります。

目の疲れだけではなく、気分のリフレッシュにもご活用ください。

無意識でできる力は素晴らしいですが、時には、意識を向けることで、気づくことがあります。

気軽にできる方法ですので、目や心身にも意識を向けて、やってみてください。そして、いつも目も心身も大切にしていただきたいと心から願っています。

※決して無理はしないで、優しく思いやりの気持ちをもって実施してください。

4　目に意識を向ける

視野を広げることに意識を向ける

目に意識を向けて、あなたの目をいたわり、ケアを目的にトレーニングをしていきましょう。注意点として、目に意識を向けてトレーニングしたとき、何か違和感や痛みや不快感があった場合、その動きを止めて様子を見てください。

目はとてもデリケートなものです。

決して無理をなさらず、自分にも優しい思いやりの気持ちを持った、セルフコンパッションで目に意識を向けていきましょう。

〔図表７　視野を広げることに意識を向ける〕

5　日頃、遠くを見ることがあるか

毎日少しずつ続けるのがおすすめ

片手の指（親指や人差し指等）を立て、軽く腕を伸ばします。そして、その指先や爪に意識を向けて、見つめてみます。

どんな感覚があるでしょうか？

続いて、指の延長上の遠くになにか1点（例えば窓枠や天井の角等）を定めて、遠くをジッと見るようにして、ピントを切り替えます。

その際、どんな感覚があるでしょうか？

この遠近で見る行為も、普段には観る機会がなくなった1つになります。私たちの日常生活は、手元の狭い世界、例えば、パソコンやスマホを見ることが多くなりがちです。元来ある視力を取り戻し、有効に活用できるように、日頃にも意識を向けて、細切れ時間活用して、毎日少しずつ続けるのがおすすめです。

目のトレーニングもいろいろな方法があります。トレーニングを行う際に、大切なことは、目や感覚に意識を向けて気づくことです。その変化にもわずかなことにも感覚を向けて、感性を研ぎ澄ましていきましょう。

〔図表８　目に意識を向ける〕

目に意識を向けてみましょう（遠近）。
とんな感覚がありますか？
片手の指を立て、
その指先を見ます。
続いて、
指先の延長上
遠くに何か１点に
意識を向けて
ジッと見ます。

6　今から1分間、自分の呼吸に意識を向けてみよう

あれこれ考えずに、目の前のことに意識を向けて集中しようとする姿勢・行動・方法が大切

目を閉じていただいてもかまいません。いつも通りの自然な呼吸を1分間繰り返してみましょう(始める前に、今、何時何分か？　確認します。そこから呼吸に意識を向けてみます。1分が経過したと思ったとき、目をあけて時間をみてもいいかもしれません)。

(1分間。。。ピピピ♪)

どのように感じられましたか？

続いて、呼吸に意識を向けてみて、その感覚に注意してみましょう。

●今、目の前で繰り返している呼吸は、浅いですか？　深いですか？
●吐く息は、長いですか？　短いですか？
●温かさや冷たさは感じられますか？
●重みや軽さは感じられますか？
●吸う息は、長いですか？　短いですか？
●温かさや冷たさは感じられますか？
●重みや軽さは感じられますか？

今、このような感覚を、どのように感じられますか？

普段、無意識にしている呼吸に、特に今回のように問いかけることでも、意識を向けてみましょう。そこで、気づくことがあります。

脳はその問いかけに応えようとします。

普段していないことをするので、時間がかかるかもしれません。例え、感覚がなかったとしても、間違っているわけでもありません。感覚がないときは、「今、ここ」に感覚がないということを言葉にしておくだけでも構いません。

今、ここであらためて（大切なので何度でも！）マインドフルネスについて、確認しておきます。

マインドフルネスは「今、この瞬間の体験に対して意図的に意識を向ける。評価をしないで、とらわれることのない状態でただ観る」。

無になっていない状態が悪いわけではありません。雑念を消したり、変えたりするものでもありません。

今、ここで「あれこれ考えずに、目の前のことに意識を向けて集中しようとする姿勢・行動・方法」が大切です。

この大切な状態を整えてから、読書や読書にとりかかることで、集中して速く読めることにも、つながります。

その準備をするのにマインドフルネスが有効であり、いろいろな方法があります。

7　脳力アップに大切なのは「呼吸」！　マインドフルネスで意識を向けよう

4つの脳力アップ

普段、無意識にしている呼吸に意識を向けてみると、感じること、気づくことがあります。それらを繰り返し、積み重ねることによって、元々、持っていた（はずの活用されていない）脳力を呼び起こして、活用できるようになることがあります。

方法も1つではなく、いろいろあります。マインドフルネスは、気軽にできるよさでもあり、便利なところでもあります。そのようなマインドフルネスのよさを実感される声をまとめたものや、脳科学的、医学的、心理学的などの様々な分野における研究結果や活用事例などのエビデンスから、よく紹介されるのが、４つの脳力アップです。

その4つとは、①脳力（集中力、注意力）、②感情コントロール、③免疫機能、④メタ認知力になります。

①脳力アップ

マインドフルネスでする方法、例えば、集中呼吸法では、目の前のたった1つの呼吸にだけ意識を向けます。それにより集中力や注意力が高められます。

私たちの頭の中には、いろいろな考えることがあり、一般的には雑念と呼ばれるものですが、それが決して悪いわけではありません。

本来、今ここでする、呼吸に注意を集中すること。それ以外に、意識が外れたことに気づくトレーニングです。集中呼吸法、瞑想をしている間は、考えることは後にして、目の前の呼吸にだけ集中します。これは、意識の向ける先の切り替えの練習になります。

この切り替えができるようになると、本当に必要なときに、必要な集中力、注意力が、自分の力で高められ、いつでもスイッチを入れることが可能になります。

マインドフルネス瞑想のよさが認められ、トップアスリートや企業でも、取り入れられるようになりました。単なるリラクゼーションだけではなく、目の前の必要なことにも目を向けられ、集中力や注意力の脳力アップが、有効に活用されるところが、多くの方にも支持されています。

②感情コントロール

感情コントロールや調整力のアップにもつながりますが、この脳力アップの中には、心の知能指数の向上も含められます。

今この世の中では、頭の賢さもさることながら、人の気持ちを察するような心の知能指数の高いことが求められているといわれています。それを鍛えるのにも、マインドフルネスが有効です。

感情には、怒りや悲しみ、不安や恐れ等の様々なものがあります。それもお1人おひとり、そのときそのときに、生じるものであり、決して悪いものでもありません。ただし、その対処の仕方を間違えると、人間関係や対人関係、自分にも支障をきたします。

大切なのは、自分の感情を押し殺すわけでもなく、無理やり変えるわけでもなく、消してなくすわけでもなく、あるがままを受け入れる「セルフコンパッション」と、とらわれのない状態で観る「マインドフルネス」の考え方が大切です。

自分の感情に気づけると、３つ目の、メタ認知力アップにもつながります。行き場のない感情は出しにくくなり、やがては感じられにくくもなってしまいます。感情があることも、それに気づくことも素晴らしい能力でもあるのです。マインドフルネスが、五感も大切にしているところもあります。

それを読書で活用すると、例えば、小説をストーリーの中に入り込んで感情移入をして味わうことにもつながります。あるいは、仕事やプライベートで、インプットするのにも五感を使っているという風に言われています。こちらも無意識にしていることなので、意識するとわかりにくいかもしれません。

しかし、この五感が研ぎ澄まされることによって、感情が豊かにもなり、人への優しい思いやりにもかかわっていきます。そして、他人への人間関係ばかりでなく、自分とのコミュニケーションもスムーズになります。速読は速く読むスキルですが、マインドフルネス速読では、マインドフルネス要素を取り入れたことによって、速く読むだけではない、心身脳の総合トレーニングとなります。ぜひご自身の感情も、大切にしていただきたいと願っています。

③メタ認知力アップ

メタ認知力というのは、自分のことでありながら、第三者の観点で、冷静に物事をとらえ、客観視して、俯瞰して物事を見る力です。これが高まることによっても、仕事やプライベートなど、様々なシーンでも、有効に活用できます。

④免疫力アップ

最後に4つ目の効果として、免疫力アップがあります。

心身の健康は、読書や速読をする以前に、とても大切なものです。何気なく過ごしている日常の中で、自分の体や心に意識を向けることが、とても大切になります。自分の心身に意識を向けることで、気づくこともあります。

例えば、朝起きたときに、自分の体や心の状態が普段と違ったとき、普段よりも優しい思いやりの気持ちをもって接することによっても、早期発見や早期改善が有効に働きます。それは、やがて自分だけではなく、目の前の人や周りの人のことも気づきやすくなります。

人だけではなく、物事についても気づきやすくなります。それは速読でトレーニングしている物理的な目の視野の広さだけではなく、心のゆとりや心の目の広がりやよさにもつながります。

４つの脳力とマインドフルネスの関係性を知る

これらの４つの脳力とマインドフルネスの関係性を知っていただけたと思います。

あなた自身の未来や将来はどうなったらいいか？　どうしたいか？　に紐づく、人生を変えていく有効なトレーニングになっているのもわかっていただけましたでしょうか。

例えば、集中力や注意力が高まり、脳力がアップしたら、あなたはどんなことに、活かしたいでしょうか？　どんなことに活躍したいでしょうか？　どんなことに貢献しているでしょうか？

それでは、感情の調整力が高まったら、将来や未来にどうしたいでしょうか？　とても感情が豊かになったとしたら、どんな気分でしょうか？　人に対してや自分に対して、どのように接しているでしょうか？

あるいは、メタ認知力アップが上がったら、どんなところに活かしたいでしょうか？

そして、免疫力アップしたら、どうでしょうか？　いつも元気で、ハツラツと過ごせられたらいかがでしょうか？　アンチエイジングやダイエットにもつながり、有効に活用したら、どうでしょうか？

身体だけではなく、脳や心の健康も生きるうえで、とても大切なものです。読書や速読以前にも必要なことなのです。

これらの４つの脳力に意識を向けて実践して、実感して、さらにパワーアップして、ますます明るい未来や将来を引き寄せられるようになることを願っています。

〔図表9　マインドフルネスに期待をする効果〕

マインドフルネス
期待される効果
多くの方がマインドフルネスを実践！
継続する理由 ≒ 効果に下記があります。
脳力アップ
集中・注意力
感情調整力
アップ
免疫機能
アップ
メタ認知力
アップ
どんな脳力アップ
したいですか？
脳力アップしたら
どうしたいですか？

8　今から、脳に意識を向けてみよう

指運動をする

普段、あなたは脳をどれだけ活用しているでしょうか？

自分の中にあるものでも、目に見えにくいものや、自分では気づきにくいものがあります。

そこで、指運動をしてみましょう。「今、ここ」でのあなたの脳の状態を知るきっかけになるかもしれませんよ。

9　指は、第二の脳

指と脳の関係性

指と脳に関係性があるため、指を動かすことにより、脳を刺激し、活性するきっかけになります。

子どものときに何気なく遊んだ、指運動を思い出し、懐かしみながら、実施してみましょう。

懐かしい感情もまた、脳を活性します。昔ながらの日本の遊びには指を使うものが多くあります。

あやとり、折り紙、おはじき等。日本の文化を見直し、新たにチャレンジしてみるのもいいですね。

10　脳活性！　指運動「図形を描く」

2つの指運動

それでは早速、始めていきましょう。今回は、2つのパターンの指運動をしていきます。

まず最初に、両手を出して、ぶらぶら～と手を振ります。余分な力を十分抜いて、リラックスしてから始めます。

まずは、両手の人差し指を立てます。後で、指を変えてやってみるのも、とてもいい脳活性トレーニングになります。そして、今から、右手と左手で違う形を描いていきます。

パターン1：右指で、縦棒を描くように、上下に往復して動かします。右指の上下の動きは止めずに、そのまま続けておきます。そして、左指で、左右平行に横棒を描くように、左右に往復します。どんどんスピードを加速して、速く動かしていきます。途中で、左右の指を入れ替えましょう。なにか音楽をかけながら、リズミカルに、テンポアップするのもいいですね。

パターン2：左指で、縦棒を描くように、上下に往復して動かします。左指の上下の動きは止めずに、そのまま続けておきます。そして、右指で、四角形を描きます。右まわしでも、左まわしでも構いません。上下は二拍子、四角形は四拍子、同じ偶数拍なので、やがて慣れていきます。最初は、ゆっくりからはじめられるといいかもしれないですね。

〔図表10　指運動パターン1〕

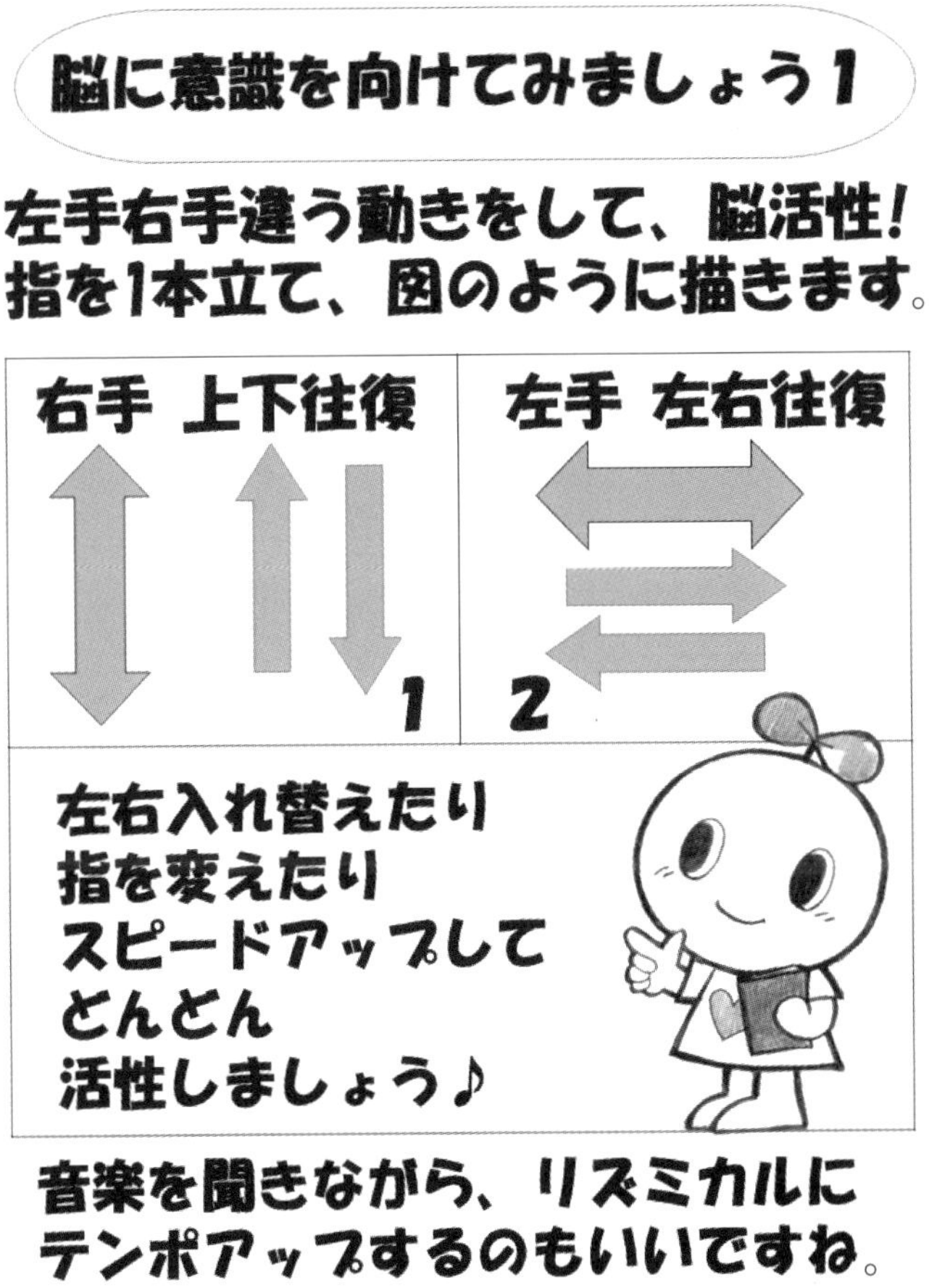

〔図表11　指運動パターン２〕

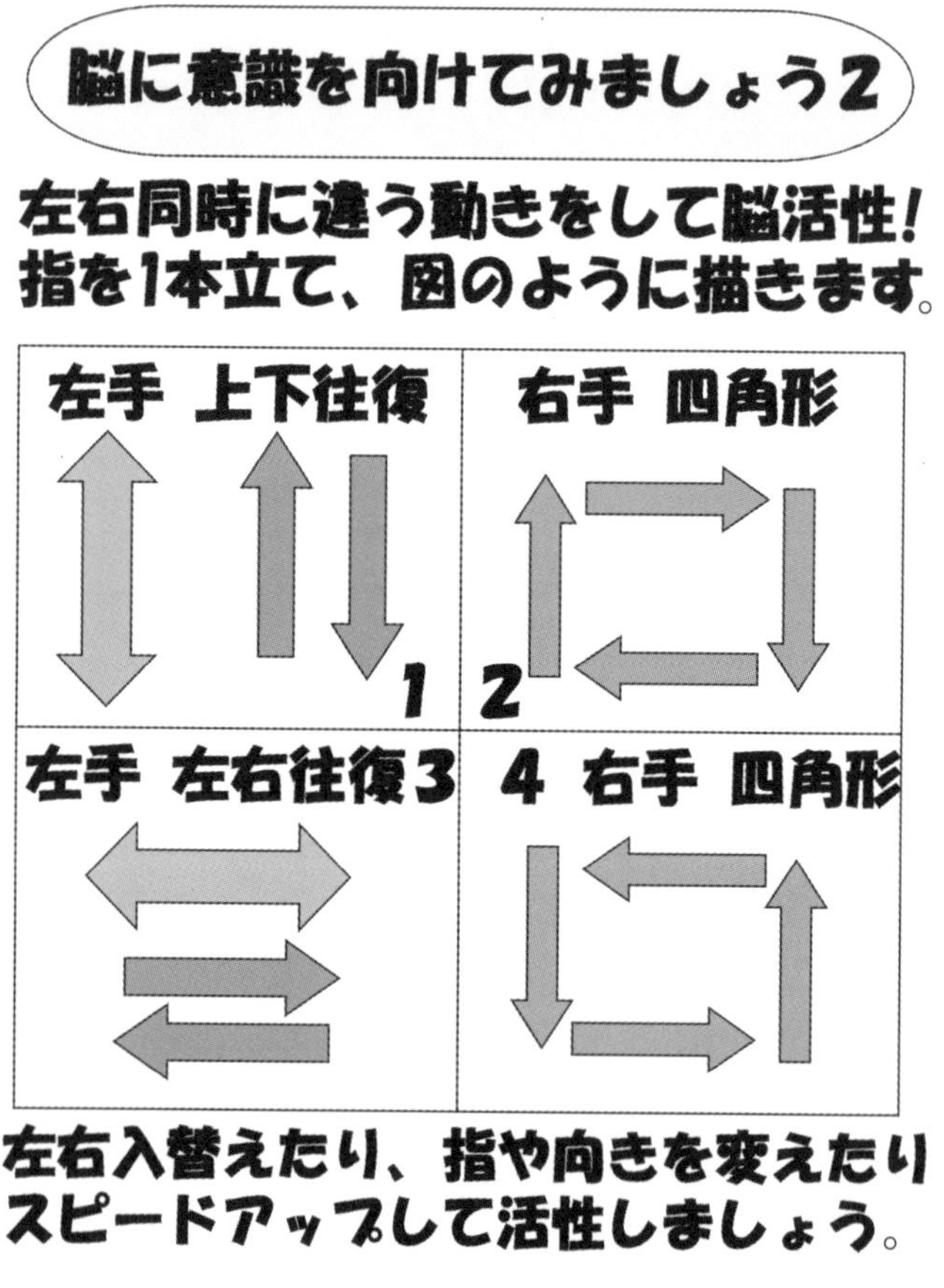
脳に意識を向けてみましょう２
左右同時に違う動きをして脳活性！
指を１本立て、図のように描きます。
左手　上下往復
右手　四角形
１
２
左手　左右往復３
４　右手　四角形
左右入替えたり、指や向きを変えたり
スピードアップして活性しましょう。

どんどんスピードを加速して、早く動かしていきます。

途中で、左右の指を入れ替えます。四角形に描く方向を逆にします（右回しから、左回しに変えてみる、など）。

何か音楽を聞きながら、リズミカルに、テンポアップしていくのも効果的ですね。

どんな感覚を感じましたか

もし「今、ここ」で、スムーズに動かないのは、普段動かしていないためです。使っていない筋肉や脳を動かすいい機会になります。一度に複数の違うことをすることで、脳を刺激し、活性化しています。

筋トレの１つでもあるため、細切れ時間で、少しずつ気長に、気楽に楽しく繰り返すのが秘訣です。指は第二の脳といわれるくらい、脳につながっています。道具も場所もいらない指運動は、いつでも、どこでも、何度でも気軽にできる脳トレになります。ぜひ楽しく脳活性していきましょう！

指運動は、いかがでしたでしょうか？

私たちの脳には、素晴らしい力があります。

それは、特定の人にしかない希少な脳力ではなく、本来は誰でも持ち合わせているものです。普段は意識を向けられることもなく、活用されることが少ないのです。実は速読にも、とても有効に活用できます。

11　脳の特性・可塑性（かそせい）

脳にスピードを慣らすことで、速く読むこともできるようになる

脳には、経験を通して変化する「可塑性」があります。脳科学の研究でも、マインドフルネスのトレーニングでも脳の可塑性を強化していくことができるといわれています。

この脳の特性を活かして、脳にスピードを慣らすことで、速く読むこともできるようになるというわけです。スピードに意識を向けることで、気づきやすくなり、脳力アップも加速していきます。

12　脳の特性・汎化作用

1つの能力の活性化で他の能力も活性化する

速読トレーニングで活用する脳の特性に、汎化作用があります。1つの能力が活性化することで、他の能力も活性化して有効になっていきます。

速く観る力を上げることで、他の能力にも影響して、考えたり、理解したり、記憶したりする力もアップしていきます。力もアップしていきます。自分の苦手な能力にとらわれるよりも、得意な能力をどんどん伸ばすことで、やがて苦手も苦手でなくなり、総合的な能力アップにつながります。

13　今から、自分の心に意識を向けてみよう

心や脳を刺激し、活性化するよいトレーニング

白紙用紙を数枚と書くものを用意してください。

その紙に「今、ここ」で、あなたが感じていること、もしくは思っていることを書いてみてください。

後から誰かに見せるわけでもなく、評価される必要もありませんので、なんでも構いませんので、心おきなく書き出してみましょう。

例えば、1分間タイマーをセットして、時間を決めて書き始めるのも、集中して取り組むのにもいいトレーニングになります。

それでは始めてみましょう！　よーい、スタートです。

やってみていかがでしたか？

私たちは、自分の気持ちや、今の感覚を包み隠さず表に出す場や機会は、思っている以上に少ないものです。

それに意識を向けて取り組むことも、心や脳を刺激し、活性化するよいトレーニングになるのです。

14　物事のとらえ方・考え方に意識を向けてみる

陽転思考

物事にも、いろいろな考え方やとらえ方もあります。1つの事実に対しても、人それぞれにも、考え方やとらえ方も異なります。お1人おひとりの中でも、変わります。読書や心理学をとおして、考え方やとらえ方の選択肢が増えるのも、心の視野の広がりにもつながります。

マインドフルネス速読のトレーニングの中で、意識を向けている、考え方やとらえ方の1つに「陽転思考」があります。

日本でトップ、世界142か国中2位の成績を納めた女性営業のカリスマ和田裕美さんが提唱されている考え方を紹介します。

『「事実は1つ。考え方は2つある」その考え方には、プラスとマイナスがあるというものです。ネガティブなことを考えても、言ってもいい。けれど、マイナスのその事実からでも、「よかった」といういい部分を見つけて、できる限り早く切り替えるというもの。

事実の中には必ずなにかの光「よかったと思えること」があり、目の前にある事実から、その1点の光を見つけることができる思考パターンです』

引用：『陽転 コミュニケーション』和田裕美著（日経ＢＰ社）

今できないことを、できるようにするのが練習

これまでしてこなかったことや、今できない速読を、できるようになるためのトレーニング中、どうしてもできないことばかりに、意識を向けられがちです。今できないことを、できるようになるのにするのが練習です。

今、ここでできないことは問題ありません。できるようになったときをイメージして、あるいはできるようになったら、どんなことをしたいか想像する。これらを楽しむのも、続ける秘訣です。

そして、できるようになったら、そのできたことに意識を向けて、ささやかな小さなことでも、できたことに気づくことも、大切なトレーニングになります。

特に、速読ができるようになったと、人に言いにくい方が多いようです。できるようになった基準、ものさしやメガネは人それぞれ違っていていいのです。

マインドフルネス的にも、雑念やマイナスなことにも、評価しないで、とらわれのない状態で観ることが大切です。

そして、「今、ここ」で、できないことを、できるように取り組み、チャレンジする自分にも、優しい思いやりの気持ちを持って、応援し続けていただきたいと思います。

人には、考え方や、とらえ方のパターンがあります。人それぞれに思考の癖があるので、もしかしたら、今までとは違うものに変えるのには、時間や労力がかかるものかもしれません。しかし、それを無理やり変えるものでもなく、別の考え方がある。つまり、選択肢を増やせばいいと考え方

を備えていきませんか。

速読も、読み方の1つです。習得したら、その後いつも、すべての本を速読で読まなければいけないということでもありません。

読む本にも、いろいろな目的や理由があります。それに合った読み方を、選べる力をつける、もしくは読み方の選択肢を増やす。そんな考え方で気軽に「マインドフルネス速読」を活用していただきたいと願います。

15　自己肯定感・セルフコンパッションが大切

チャレンジする自分を自分で応援する

かけがえのないお1人おひとりに、すばらしい脳力があります。

普段は意識を向けることも少なく、使っていない脳力もいろいろあります。自分の存在にも意識を向けて、気づきのトレーニングも積み重ねます。これまでしてこなかったこと、今できないことを、できるようになるためのトレーニングに取り組み、チャレンジする自分を、自分で応援することも大切です。

そして、自分にも優しい思いやりの気持ちを持って、接する。あるがままを受け入れる、セルフコンパッションの考え方も大切にしていきます。

16　自己効力感も高める

脳力があると信じる力もとても大切

これまでしてこなかったこと、今できないことを、できるようになるために、よかったことやできたことにも意識を向けて、気づくことも大切です。

速読にもいろいろあります。

「速読ができている」と感じるのも、人それぞれ感覚が異なります。

そこは、自分のことを評価も比較もしなくていい、というマインドフルネスの考え方も重要になってきます。

自分にはできる脳力がある、と信じる力もとても大切です。それが自己効力感と呼ばれるものです。

かけがえのないお1人おひとりに、すばらしい脳力があります。最近は使っていないものや、使えないものもあるかもしれません。しかし、経験をしたことは大切な財産です。

そして、これから挑戦する、今までしていないこともできる！　そんな脳力が自分にはあると信じる力が、脳力アップにつながります。

脳には、現実と想像の区別がつかない習性があることを大いに活用しましょう。

17　マインドフルネス速読ができたら？

問いかけをしてイメージすることも大切

マインドフルネス速読ができるようになったら、
●どんなことに活用したいでしょうか？
●どんなことに活躍しているでしょうか？

これらの問いかけをしたうえで、情景やシーンを自由にイメージすることがとても大切になってきます。実際にできるようになるまでの間も、楽しく、集中して取り組みやすくなり、気づきを積み重ねていきます。「今、ここ」から望む将来への建設的な行動へつなげていきましょう。

18　心身脳の総合トレーニングとは

1つの目的から始まり、いろいろなトレーニングにより、心身脳を活性化する

心もまた、身体や脳ともつながり、影響しあっています。よりよく活性化することでも、相乗効果の発揮にもつながります。

速く読めるようになるための1つの目的から始まり、いろいろなトレーニングにより、心身脳を

どんどん活性していきます。それにより他の能力の底上げをしていく波及効果にもつながります。

夢や願いもありありとイメージして、よりよい未来となりますように、実践していきましょう。

そして、行動につなげて、トレーニングしていきましょう。

ここまでお読みいただいた方には、マインドフルネス速読のポイント等をご紹介いたしました。

それらは、この後のマインドフルネス速読の体験をしていただく準備となります。物事には、段取りや準備がとても大切になります。特にこれまでしたことのないことや、今はできない、速読をするうえで、いきなりトレーニングを始める以前に知っておいていただく必要なことになります。

マインドフルネス速読は、速読が入口ですが、そのために意識を向ける先がいくつかあります。

普段無意識でしていることに意識を向ける気づきのトレーニング、マインドフルネスと組み合わせたのも、とても有効です。意識を向けて、目の前のことに注意を集中するだけでも速く読むことが可能になる場合もあります。目や心身、脳や呼吸がつながっていることにも、意識を向けてみてください。自分自身への優しい思いやりの気持ちをもってください。五感も意識して、感覚も感じてみてください。目や心身、呼吸や脳を整えることが、速読を加速させるだけでなく、自分にはできる脳力があることに気づきやすくなります。将来や未来に向けて、できる力が自分にはあることを信じられるようにもなります。そのような考え方、とらえ方は、心や脳、身体の健康にもつながります。ぜひトレーニング以外に、ご自身の様々なところに意識を向けて、気づきのマインドフルネスがいつも傍にあることを意識して、有効に活用ください。

〔図表12　マインドフルネス速読トレーニングの足跡〕

マインドフルネス速読
トレーニング成果の足跡

計測値や気づきを[書く瞑想]しましょう。

	計測値	やってみてどうか？ よかったこと・できたことの気づき
目標値	文字	
1分間計測	文字	
文字探し	秒	
目ﾄﾚｰﾆﾝｸﾞ	往復	
1分間計測	文字	
アウトプット	トレーニング全体を通して気づいたことをアウトプット よかったこと、できたことをたくさん書く瞑想しましょう	

※6章のトレーニングに活用ください。

第6章　実践！　マインドフルネス速読の秘訣を体験

それでは「マインドフルネス速読」トレーニングをしていきましょう！

トレーニングを始める前に、ご用意いただくものは、次のとおりです。

あらかじめ、すべての用意を整えてからトレーニングをすることでも、物事の始まりが明確になり、集中しやすくもなります。

脳には、始まりと終わりを知らせることで、目の前のことに意識を向けやすくなる特性があります。

1　トレーニングに必要なもの

トレーニング前の準備

・トレーニング本（目安として、子ども向けの児童書くらいの文字の大きさ、行間のもの）

（最初は、文字が見やすい大きさで、字が詰まりすぎず程よく空いているものがおすすめです）

・筆記用具

（計測した数値の記録や、気づきのアウトプットなど、「書く瞑想」に使います）

・電卓

（計測に使います。スマホやパソコンの機能で構いません。暗算もよい脳トレになります！）

・お冷やお白湯、お茶等の水分補給できるもの

トレーニングに必要な準備

1分間速読計測・計算に必要な準備は、次の通りになります。

(事前に済ませておくと、トレーニング中での1分間の速読計測がスムーズになります)。

①1ページに、余白行なく、行数が何行あるかを数えてメモします。
(タイトルや余白行がないページで、数えるとわかりやすいです)

②1行中、上から下まですべて文字が書かれている、1行に何文字あるかを数えメモします。
(丸「。」句読点「、」も含めて、数えます。

③1ページの文字数を計算します。
①と②のかけ算をした結果をメモしておきます。

基本トレーニング

トレーニングを始める前から、既に始まっています。「今、ここ」に意識を向けましょう！

マインドフルネス速読を有効活用する質問から始めます。

●あなたは、マインドフルネス速読のどんなところに興味を持ちましたか？
書き出してみましょう。

あなたの「今、ここ」の答え。

〈　〉

〔図表13　トレーニング前の準備〕

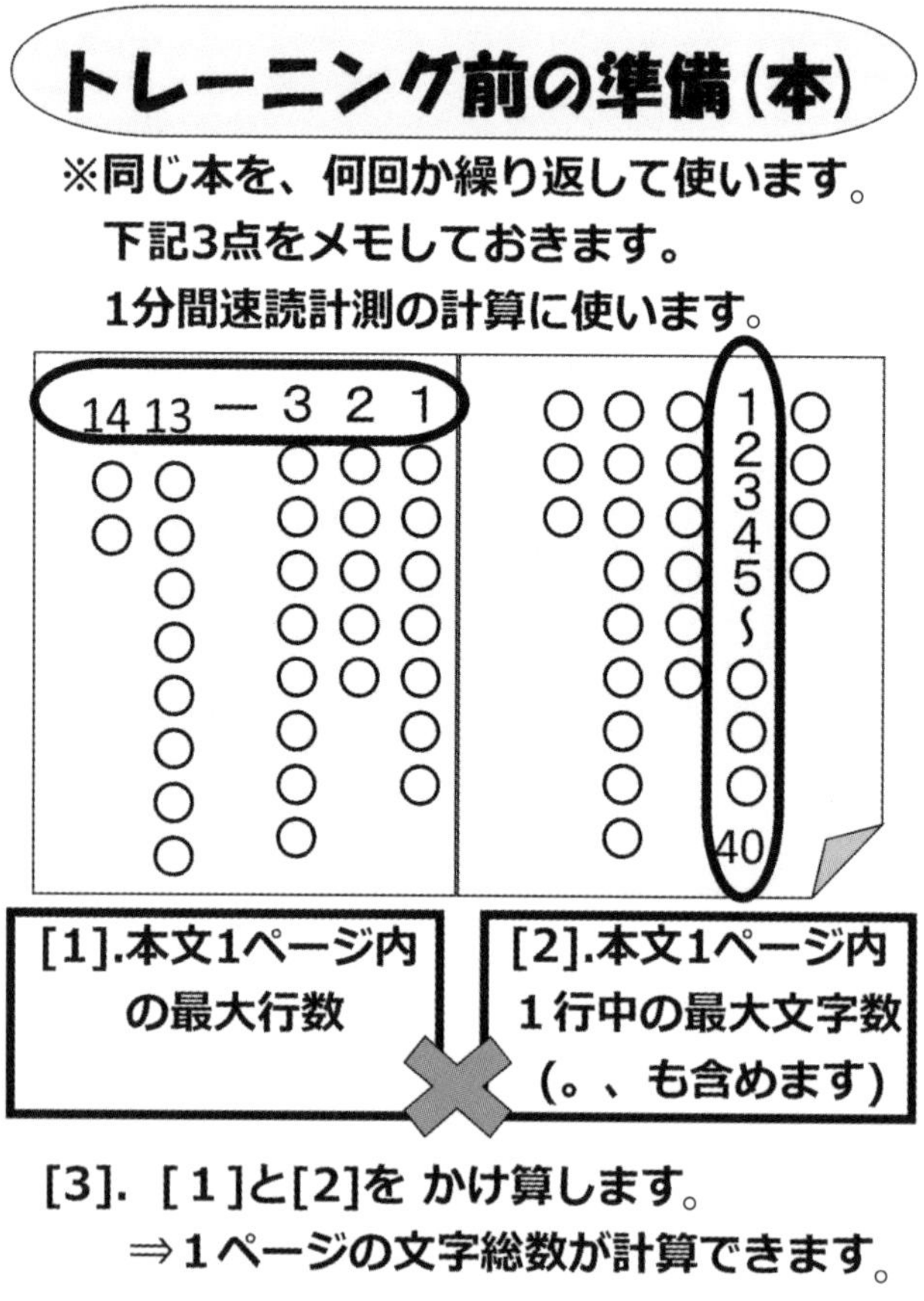
トレーニング前の準備(本)
※同じ本を、何回か繰り返して使います。
下記3点をメモしておきます。
1分間速読計測の計算に使います。
14 13 ー 3 2 1
1 2 3 4 5 ~ 40
[1].本文1ページ内
の最大行数
[2].本文1ページ内
1行中の最大文字数
(。、も含めます)
[3]. [1]と[2]を かけ算します。
⇒1ページの文字総数が計算できます。

〈〈「興味を持つ」ことは、集中して読むことにも、とてもよい効果を与えます。〉〉

あなたの今、ここに思い描く夢や願いが近い未来叶っていくのにつながります。期待することもよいことです。自分の能力や脳力でも可能かもしれないという想いから、「今、ここ」から先の行動につながるきっかけになります。

それは「今、ここ」に必要なもので、とても大切なことかもしれません。なぜなら、めぐり逢うタイミングは、人それぞれで異なります。物事は必然として起こる、ともいわれています。

2　マインドフルネス速読をする目的・理由の確認

マインドフルネス速読を活用して訪れる未来・願いに意識を向ける

今から、マインドフルネス速読を活用してこれから訪れる未来や、あなたの夢や願いに意識を向けます。質問は次の通りです。

●あなたは、マインドフルネスや速読ができたら、どんなことに活かしたいですか？

●あなたは、マインドフルネスや速読ができている未来を想像して、どんな活動をしていますか？

行動する目的や目標は、やる理由となりモチベーションにもつながります。紙に書いてもいいですね。

それでは、まず背筋を伸ばして、姿勢を正しましょう。呼吸は自然に、息を吐いて吸うことを繰り返します。それから、目を軽く閉じてみてもいいかもしれません。そして未来や将来に、マインドフルネス速読を活用して、どうなったらいいか？　想像力をふくらませて、未来を広げてイメージを楽しみます。

1分間と時間を決めてから、イメージに取りかかるのも、脳が集中しようとするきっかけになり、効果的です。

ではどうぞ♪

●マインドフルネス速読を有効活用する質問
●それらをありありと思い浮かべられましたか？
●やってみて、どんな感覚がありましたか？

イメージしにくいときは一歩先のこうなったらいいなをイメージする

これまでしてこなかったこと、今できていないこと、速読ができていることを想像することや、未来をイメージしにくい方もいらっしゃるかもしれませんね。その際には、「今、ここ」から一歩先の「こうなったらいいな」をイメージすることから始めてみましょう。

それは、自分の希望や夢なので、自由に思い描くことができます。思い描いたことについては、人に評価されることを意識したり、何かと比較したりする必要はありません。

これまでしてこなかったこと、今できていないこと、速読ができるようになるトレーニングは、いろいろな方法があります。中には、最初からうまくいかないこともあるかもしれません。それも練習です。あせらないで、楽しく続けていきましょう。

心がくじけそうになったとき

心がくじけそうになったときに、マインドフルネスの考え方が支えてくれます。

「目の前の体験に、意図的に意識を向ける、姿勢、行動」「評価しないで、とらわれのない状態でただ観る」。できないことを、できるようになるのが練習。練習をしているので、今はできていないのは自然のことです。

マインドフルネス瞑想とも通じるのは、無になっていないのが悪いことでもなく、雑念が浮かんでくるのが間違っているわけでもないのです。大切なのは気づくこと。そして、本来の意識を向けるところへ戻る。立ち返ることです。

また、あるがままを受け入れる。自分にも優しい思いやりの気持ちをもって接して応援する「セルフコンパッション」の活用もおすすめします。

あなたが望む未来の夢や願いを思い描き、イメージしたことにも意識を向けて、楽しく進めていきましょう！

3　1分間、意識を向けて、集中してみよう！

1分間に何文字読めるか

それでは今、ここで、1分間に何文字読めるか？　意識を向けて、集中して、計測してみましょう。

その前の準備として、いきなり読み始めるのではなく、読み始める前に、いったん、目次に意識を向けて、全体の構成を確認しておくのもいいかもしれません。これから読む本に意識を向ける準備であり、より集中して読むきっかけのスイッチにもなります。

心や脳の準備が整いましたら、読み始めるページを開いて、計測を始めましょう。

1分間測ります（タイマーをセットしてもいいかもしれません）。よーい、スタートです！

ピピピ…（タイマーの音）お疲れさまでした。

やってみていかがでしたか？

今、ここで、目の前の本に意識を向けることで気づくことがありませんでしたか。そして、質問して、問いかけることによって、それにこたえようとするアンテナが立ち、アウトプットしようと意識も働き始めるのです。感覚を感じるのもいいかもしれません。

感覚が何もなくても、間違っているわけでもなく、悪いわけでもありません。もしわずかな感覚でも感じたのであれば、それを感じただけでも、いいトレーニングになります。

4　1分間速読計測・文字計算

ページ単位での計算

全部で何ページ読んだかを計算します（数えてもかまいません）。

〈1〉最後の行まで読んだページ番号を確認します。

〈2〉次に「読み始めたページから、1を引いた数字」を、〈1〉から引き算します。

例えば、読み始めるページが11から始まったとします。

20ページの最後の行まで読めたら、【20－10】具体的には、【20－（11－1）】を計算します。

そうすると、最後の行まで読んだページ数は、10ページとなります。

〈3〉〈2〉で計算したページ数に、準備（本書133ページ③）で計算した【1ページの文字数】をかけ算します。例えば【1ページの文字数】500文字だとすると、【10×500】＝5000文字となります。

行単位での計算

「1」途中まで読めた行数を数えます。

「2」1行の最大文字数（句読点も丸も含めます）を「1」と、かけ算します。

例えば、1行の最大文字数が40文字の場合、5行読んだら【5×40】＝200文字

1分間速読・計算合計

次の2つの合計が結果となります。

【ページ単位での計算】〈3〉の計算結果

【行単位での計算】「2」の計算結果

※計算結果を、手元の用紙に記録しておきます。

※文字がないところ（余白や図・絵）も情報として取り扱うため、引き算はしません。

やってみていかがでしたか？　今、目の前の感覚に意識を向けて、どんな感覚があるかをひと言メモして書く瞑想してしておくのも、気づきのいいトレーニングになります。

「今、ここ」での状態を確認したところで、トレーニングを進めていきましょう。

トレーニングの後、もう一度1分間速読計測を行います。そのときには是非、今の数値の2倍を意識して目指してみてください！　今、ここの計測値は、お1人おひとりの経験値です。今ここの出発地点があり、そして2倍という目標があります。そのギャップを埋めるために、これから始めるトレーニングします。このギャップは、今ここから成長するための原動力にもなります。もう少し先の未来の夢や願いへの想いが、行動につながり、脳力アップを加速させます。

秘訣としては、この目標や未来の夢や願いを脳に必要と感じさせること。そして、その目標や、未来の夢が叶った情景をありありとイメージすることも大切です。そして、それができる力が自分にはあると信じる力です。それでは、楽しくトレーニングを進めていきましょう！

〔図表14　１分間速読計測のページ単位の計算法〕

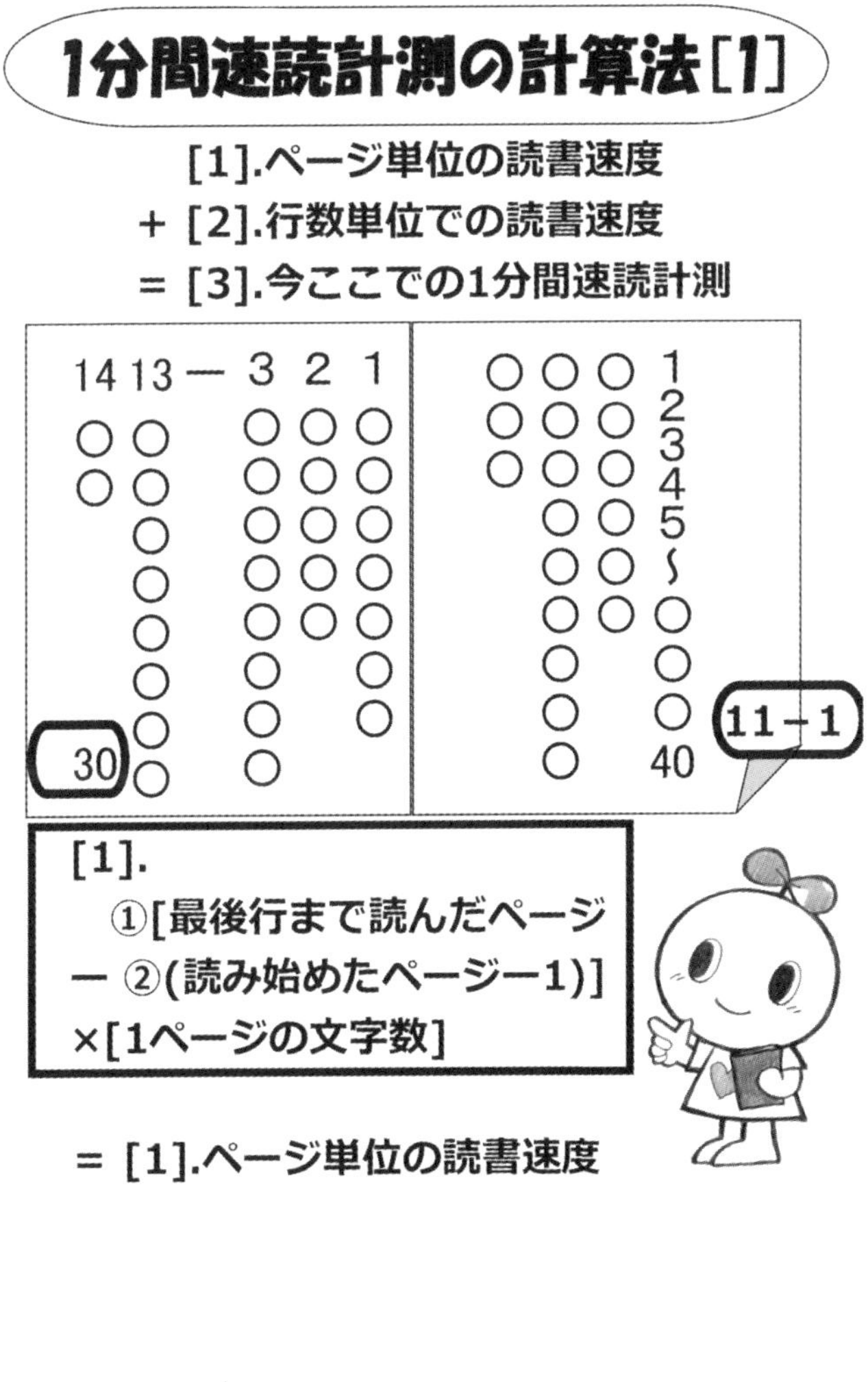
1分間速読計測の計算法[1]
[1].ページ単位の読書速度
+ [2].行数単位での読書速度
= [3].今ここでの1分間速読計測
14 13 ― 3 2 1
30
1
2
3
4
5
~
40
11－1
[1].
①[最後行まで読んだページ
ー ②(読み始めたページー1)]
×[1ページの文字数]
= [1].ページ単位の読書速度

〔図表15　１分間速読計測の行単位の計算法〕

1分間速読計測の計算法[2]

[1].ページ単位の読書速度

＋ [2].行数単位での読書速度

＝ [3].今ここでの1分間速読計測

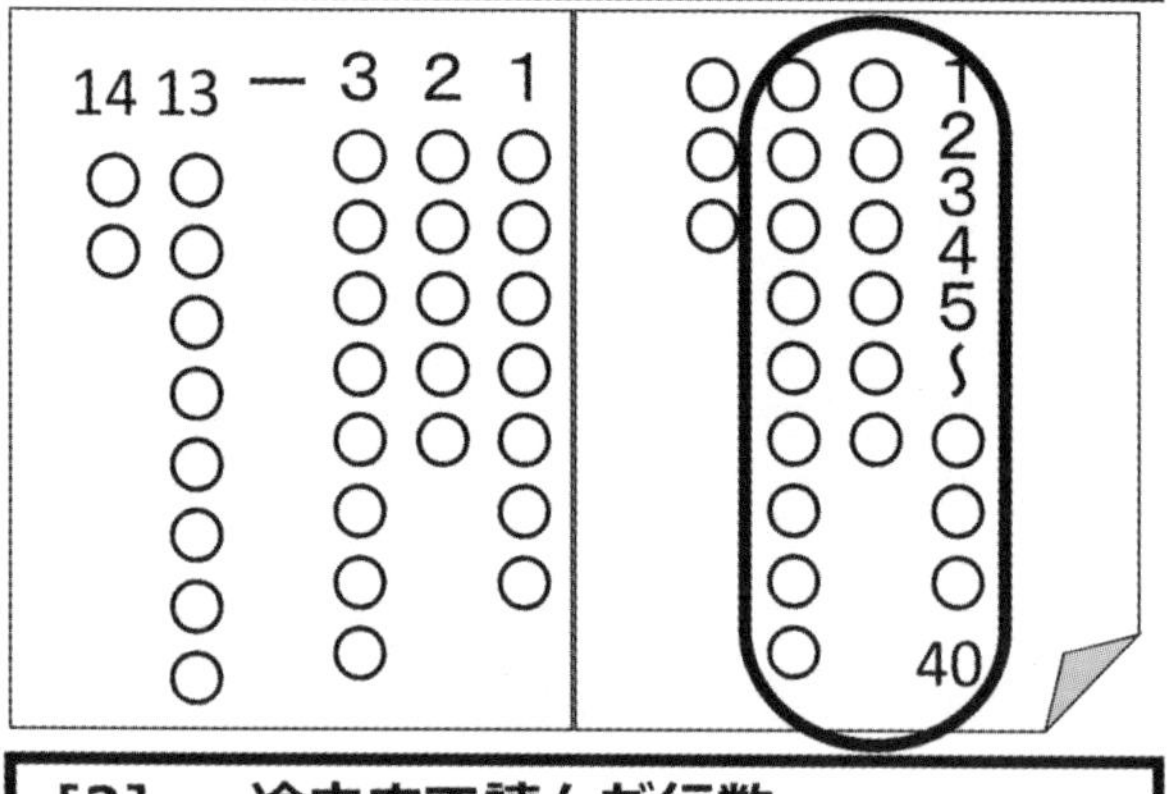

[2].　途中まで読んだ行数

×１行中の最大文字数

(トレーニング前の準備(本)→2.)

[3].[１]と[2]を足し算します。今ここでの

１分間速読計測の文字総数が、算出できます。

5　シュルテテーブルを活用した文字探しも効果的

速読トレーニングにつながる文字探し

先述した、「シュルテテーブル」も効果的なトレーニングになります。「今、ここ」の集中状態を確認してみましょう。あらためて、手順を紹介しておきますね。

シュルテテーブル5マス×5マスの表に書かれている文字を見て、1から順番に探してください。ストップウォッチ機能を活用して、1から25まですべて探すのに、何秒かかったかを記録しておきます。

ポイントは、5マス×5マスの表の真ん中に視点を置き、そこから視野を広げて、スピードを加速して探すことです。1文字1文字探すのではなく、視野を広げて、スピードを加速することに意識を向けることが、速読トレーニングにつながります。

広い視野は、物事を観るという点においても、速読だけでなく、仕事や物事を見極めるのにも、大切な脳力です。「木を見て森を見ず」ということわざがありますが、「木も、森も観る」心のゆとりや広さにも、つなげられるといいですね。スパイの養成演習として使われている、記憶術トレーニングの1つといわれています。そのくらい高度なトレーニングになるので、結果には、あまりとらわれないで、楽しく気軽にチャレンジしてくださいね。結果についても「ただ観る」で構いません。「あるがまま受け入れる」。チャレンジする自分を思いやりの優しい気持ちで応援していきましょ

〔図表16　文字探し〕

シュルテテーブル！
文字探しにチャレンジ

1から順番に文字を速く探します。

23	20	9	16	4
5	10	6	11	1
14	17	2	18	21
24	7	22	3	12
15	25	8	13	19

う。ぜひ気持ちを楽に、気長に楽しく続けて、積み重ねてください。

6　目と心に意識を向けましょう

縦書き本の文字を読めるように意識を向ける

今から自分の目に意識を向けるトレーニングを始めます。目のトレーニングもいろいろな方法があります。ここでは、その中でも、縦書きの本がスムーズに読めるように意識を向けます。

視野を広げることに意識を向けるストレッチを行いましょう。そのための準備として、まず両手を組みます。そして頭の上や、天井や空に意識を向けて、伸ばしていきます。そのときに上を向いて観てみるのもいいかもしれません。呼吸は止めずに、息をゆっくり、たっぷりとたくさん吸いながら、上へ伸ばしていきます。その後、組んだ手を放して、息をはきながら、ゆっくりと手を降ろして、ひと息つきます。

次に、意識を上へ向けます。目だけを動かして、上へ上へゆっくりと視野を広げるように、動かしていきます。目の乾燥を防ぐため、時々まばたきをしてみるのもいいかもしれません。続いて、意識を下へ向けます。目だけを動かして、下へ下へゆっくりと視野を広げるように、動かしていきます。途中でまばたきをしてもかまいません。呼吸は止めずに、自然な呼吸をゆったりと繰り返します。目や心に余裕があれば、もう一往復しておきましょう。

〔図表17　目に意識を向ける〕

目に意識を向けてみましょう。
[ギュー]
目を閉じて
どんな感覚が
ありますか？
[パッ]
開いてみて
どのように
感じますか？

※もし痛みや不快感を感じたら、その動きを止めて様子を見ましょう。
無理をしないことも、自分への優しい思いやりの気持ちを向ける、大切なトレーニングです。

7　円を描いて、さらに視野を広げる意識を向けてみよう

目も一緒にまわしてみる

空中に大きな円を描きながら、ゆっくり目をまわします。右まわし、左まわしそれぞれ行います。

手や指を使って、大きな円を描きながら、目も一緒にまわしてみてもいいかもしれません。

8　スピードに意識を向ける

スピードに意識を向けるトレーニング

スピードに意識を向けるトレーニングです。目を上下に速く動かします。今まで出したことのないくらいのスピードを目指して、どんどん加速していきましょう。

可能であれば、タイマーをセットして10秒間に何往復動かせるか、計測してみてもいいかもしれません。それを手元の紙に記録しておくと、回数を重ねるごとの変化に気づきやすくなります。

最後に、やってみてどうか、そのときの感覚に意識を向けてみるのも、気づきのいいトレーニン

グになります。目は毎日使うものです。その割には意識を向けられることが少ないように思えます。目のトレーニングを、細切れ時間活用して、短時間でもいいので実施することをおすすめします。

目の健康は、心のゆとりにもつながります。ゆったりとした呼吸をしながら実施することで、気分もリフレッシュしましょう。目にも、心にも、優しい思いやりの気持ちをもって、大切にしていただきたいと心から願います。

9　マインドフルネスの基本・集中呼吸法

集中呼吸法

実践する前に確認しておきたいのが、マインドフルネスが「目の前の体験に意図的に意識を向けること。評価しないで、とらわれのない状態で観る」ということです。「あれこれ考えずに、目の前の呼吸に集中する、姿勢、行動、方法」です。

マインドフルネス速読では、速読ができるようになるために、いろいろなトレーニングを行います。その中の1つに、マインドフルネスがあります。今回は、この後に続く、速読トレーニングが集中して、より有効活用しますように、マインドフルネスの基本的な方法「集中呼吸法」を行います。

集中呼吸法ですることとは、自分の身体に意識を向けて整え、その後に呼吸に意識を向けて、ただ繰り返すだけです。大切なのは、呼吸から意識が外れたり、他のことに意識を向いていることに、気づいたら、また呼吸に意識を戻すことです。呼吸から意識が外れたり、他のことに意識を向いていることは悪いことでもなく、間違っているわけでもありません。よくある自然なことです。消したり、変えようとする必要もなく、目の前の呼吸に意識を向けて、注意を集中しましょう。

自分の身体に意識を向けるために、姿勢を整えます。椅子でない方は、あぐらの座り方で構いません。肩幅位に足を広げて、椅子に腰かけましょう。椅子の背もたれから背中を離します。背筋をまっすぐに伸ばし、姿勢を正します。手は力を抜いて、仰向けに自然に開いた状態で、太ももの上に軽くのせておきます。目を軽く閉じます。姿勢が整ったところで、呼吸に意識を向けていきます。

基本的には、息は鼻から吸って鼻から吐くことを繰り返します。しかし、最初だけ口から息を吐きます。体の中をからっぽにするイメージで、大きくフーっと息を吐き切ります。

息を吐き切ったら、今度は鼻から息をゆっくりと吸います。そして、ひと呼吸おいてから、鼻から息をすべて吐き切ります。そしてまた息を鼻から吸って鼻から吐くことを繰り返します。ひと息ごとに、たくさんの新鮮な空気が体の中に入っていくことをイメージしてみるといいかもしれません。

時間の制限はありません。１分でも、３分でも、５分でも、10分でも毎日少しずつ続けていくのが、大切です。終わった後には、やってみて、どう感じたかをひと言でもメモして記録するとよいでしょう。呼吸に意識を向けて気づきのよいトレーニングになります。

速読トレーニング以外でも、起床時、休憩時、入浴時、就寝前、なにかこれから始める前など、いろいろな日常生活に取り入れて楽しむとより効果的です。

〔図表18　集中呼吸法の流れ〕

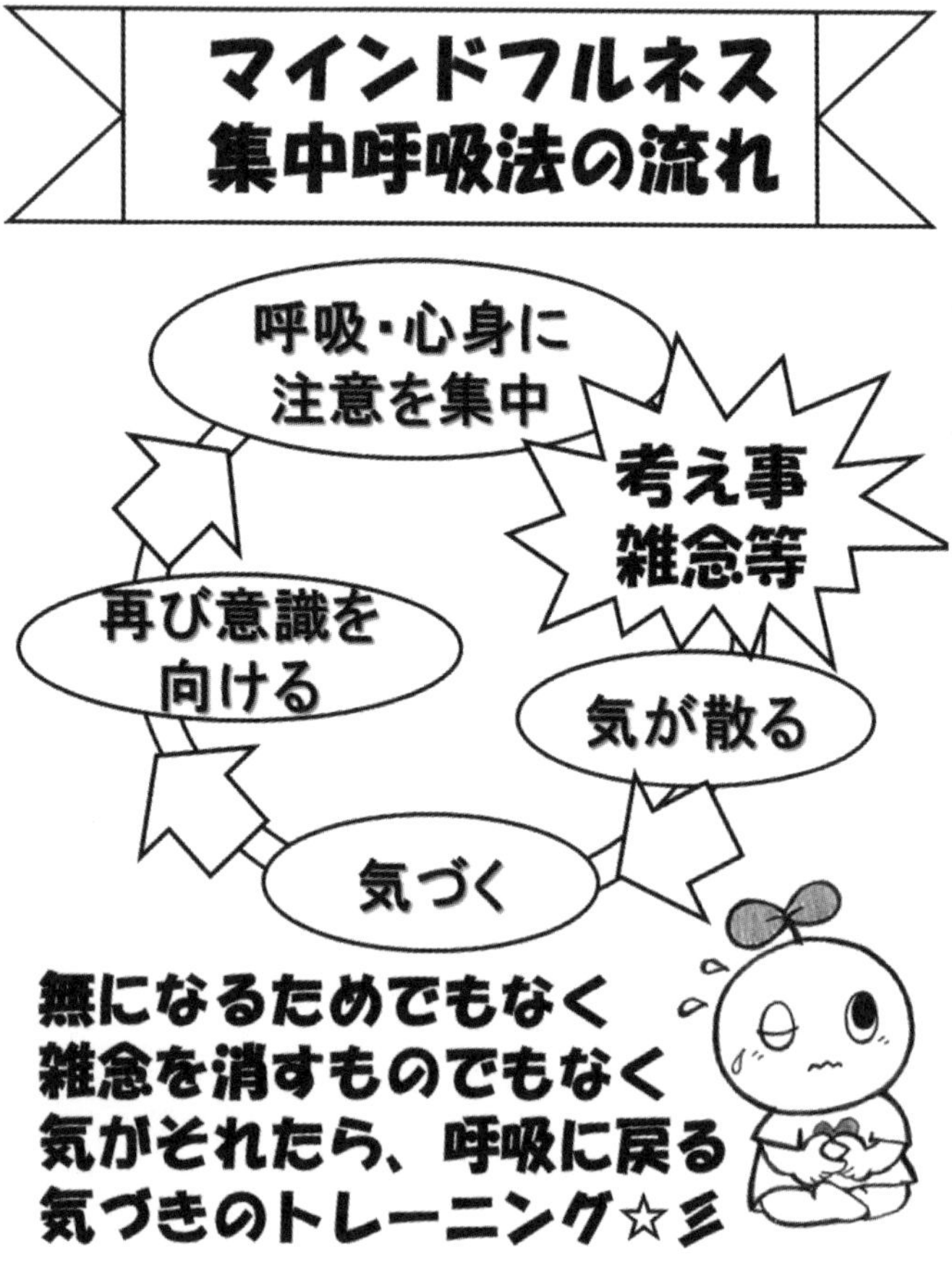
マインドフルネス
集中呼吸法の流れ
呼吸・心身に
注意を集中
考え事
雑念等
気が散る
気づく
再び意識を
向ける
無になるためでもなく
雑念を消すものでもなく
気がそれたら、呼吸に戻る
気づきのトレーニング☆彡

〔図表19　マインドフルネス（集中呼吸法）〕

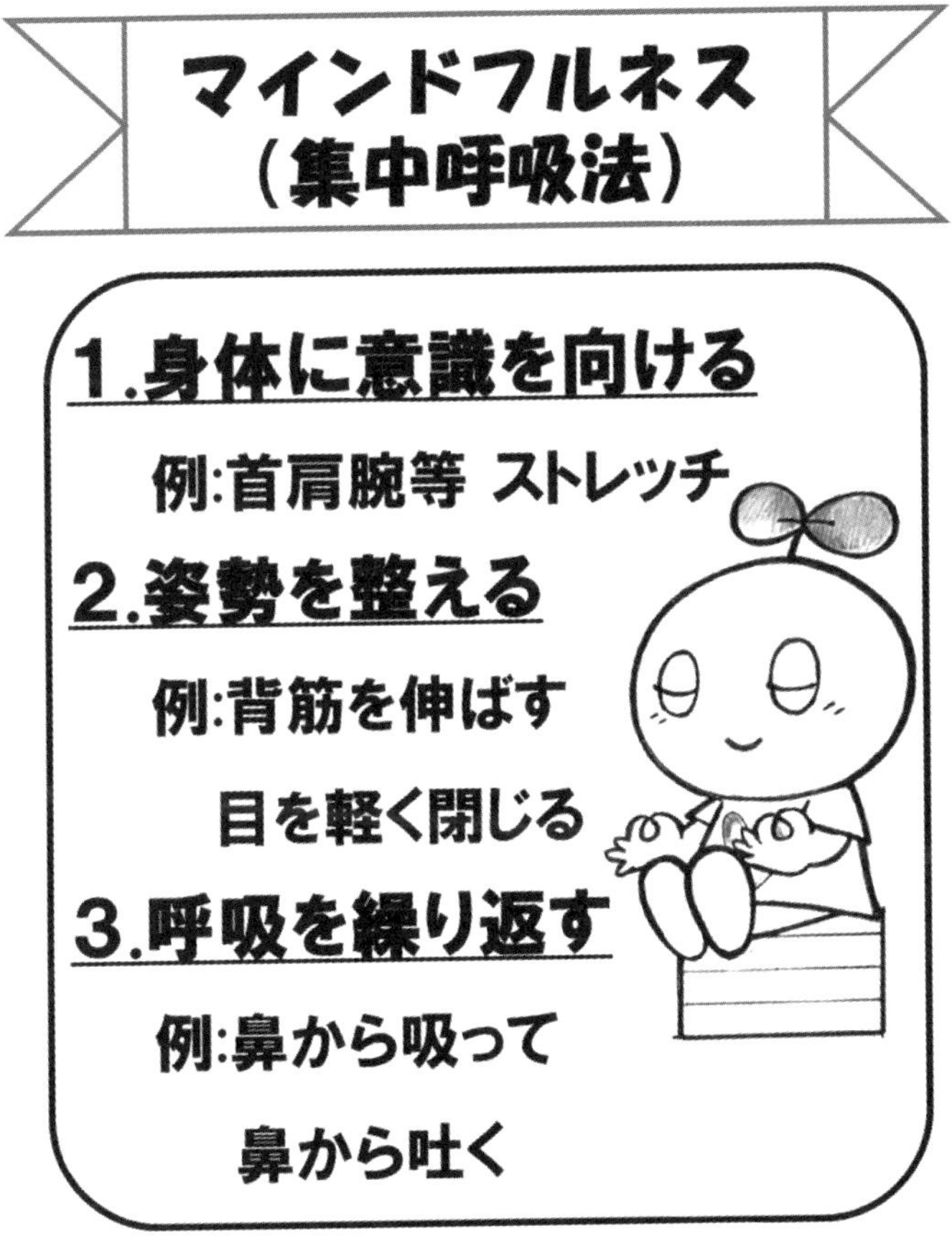
マインドフルネス
（集中呼吸法）
1.身体に意識を向ける
例:首肩腕等 ストレッチ
2.姿勢を整える
例:背筋を伸ばす
目を軽く閉じる
3.呼吸を繰り返す
例:鼻から吸って
鼻から吐く

ここからは、「超実践トレーニング」を紹介していきます。

スピードに意識を向けて、どんどん加速する、速読ができるようになるために大切なトレーニングの1つです。ご用意いただいた本を開いて、始めていきましょう。

10　視野を広げて、スピードに意識を向ける（上から下へ）【目安5分くらい】

スピードを加速することに意識を向け、視野を広げる

今からすることは、スピードに意識を向けることと、視野を広げることです。

そのためには読まなくてかまいません。

1ページをおおよそ4回くらいに区切った幅で、目を上から下へなぞる動きを繰り返します。スピードを加速していくことに意識を向けてください。もし目の幅が慣れてきたら、段々幅も広げていきます。

1ページをおおよそ3回くらい、やがて2回くらい、やがて1回上から下へ向けて、スピードをどんどん加速していきます。途中で読みたくなるかもしれません。それはマインドフルネス的に消すわけでもなく、変えるわけでもなく、いったん、横におきます。

どうしても読みたくなるようでしたら、後で、速読トレーニング以外の普段の読書でお楽しみください。今は、視野を広げることと、スピードを加速することに意識を向けましょう。

〔図表20　視野を広げ、スピードに意識を向ける〕

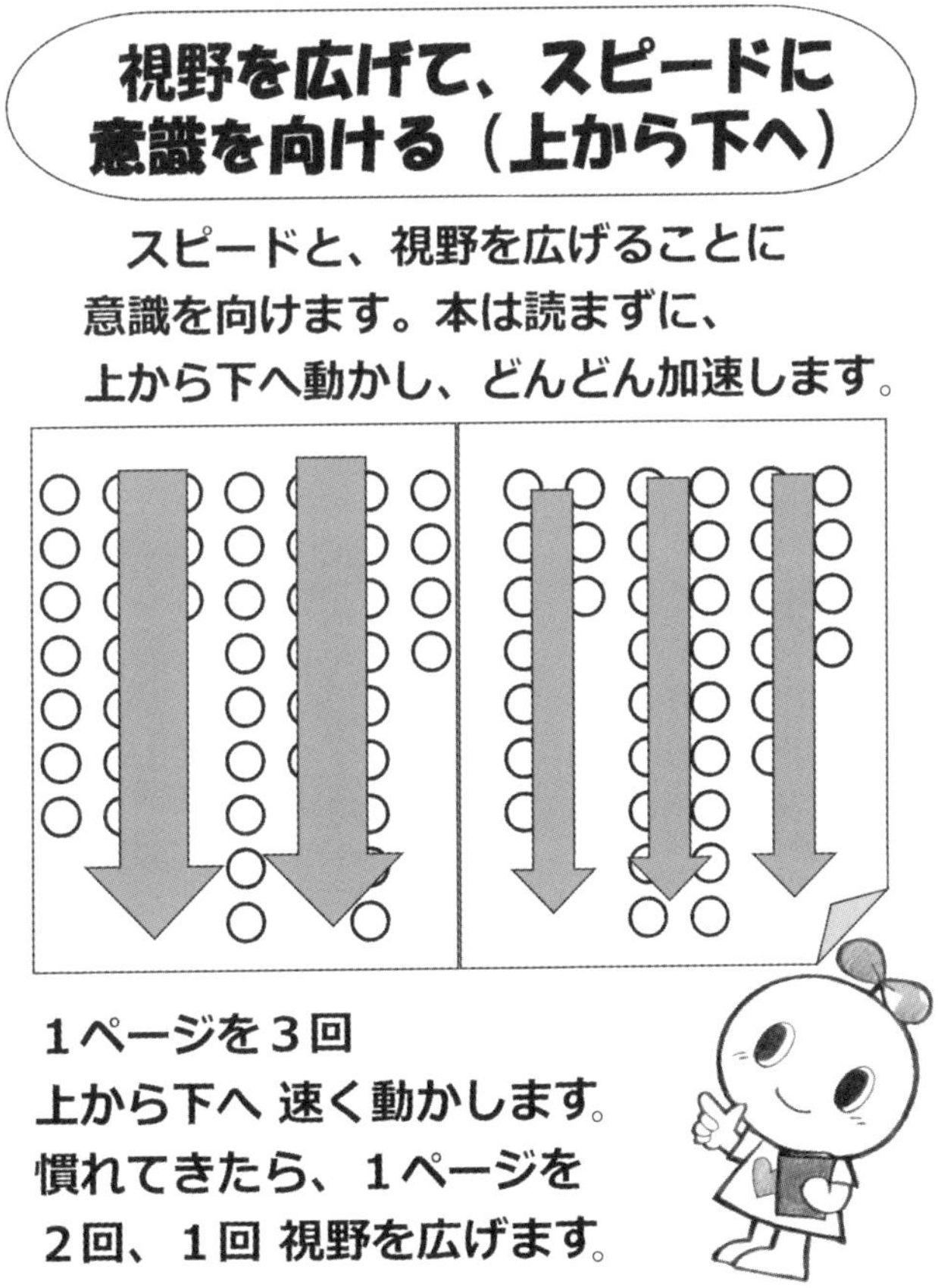
視野を広げて、スピードに
意識を向ける（上から下へ）
スピードと、視野を広げることに
意識を向けます。本は読まずに、
上から下へ動かし、どんどん加速します。
1ページを3回
上から下へ 速く動かします。
慣れてきたら、1ページを
2回、1回 視野を広げます。

そして今、こうやってトレーニングしていることに対して、どんな感覚があるのかを感じてみてください。

これは、気づきのよいトレーニングになります。

また視野が広がっているかについても意識を向けます。スピードがどんどん加速できているかについて意識を向けて、しばらく続けます。

このようなトレーニングをしている「今、ここ」の感覚を感じてみるのもとても重要なことになります。

スピード加速！　トレーニング（脳トレ本編）【目安10分】にチャレンジしてみましょう。

視野を広げて、スピードを加速していくことに意識を向けることは、速読ができるようになるために大切なトレーニングです。

普段はしないことをするのも、脳を活性化していくのもよいトレーニングになります。それでは、さらにスピードを加速していきましょう。

11　視野を広げて、スピードに意識を向ける（中央に視点を置く）

さらに視野を広げてスピードを加速するトレーニング

それでは今から、さらに視野を広げて、スピードを加速するトレーニングをしていきます。やり方として、上から下の動きを止めます。その代わりに、1ページの真ん中に視点をおきます。そこから視野を左右上下に広げていきます。その見方で、右のページ、左のページ、と進めていきます。

大切なことは、視野をどんどん広げて、スピードをどんどん加速することに意識を向けます。

最初はうまくできないかもしれませんが、繰り返すうちに段々と慣れていきます。このようなトレーニングをしながら、今、目の前のことに意識を向けて、どんな感覚があるかを感じてみましょう。このことも、気づきのいいトレーニングになります。

そしてさらに、意識を向けるものを追加します。1ページの真ん中に視点をおき、そこから視野を上下左右に広げていきます。その中で見える、単語やキーワードを探してみます。タイトルや、カタカナ、物の名前、「かぎかっこで囲まれた短い会話」などが目に入りやすいかもしれません。このときの注意点は、読まないで「とらわれのない状態でただ、観る」マインドフルネス的視点で観ることです。

「シュルテテーブル」のトレーニングが、この視野を広げるトレーニングにつながってきます。

それでは、どんどん視野を広げて、スピードを加速して続けていきましょう。

ぜひ、超最速スピードトレーニング（脳トレ仕上げ）にトライしてみましょう。

ここまでトレーニングしていただいたことが有効に活用されます。そして、最後の仕上げとして、速読ができるようになるのに大切な、スピードに更に慣れるトレーニングと、それを体感する気づきのトレーニングをします。

〔図表21　視野を広げて、スピードに意識を向ける〕

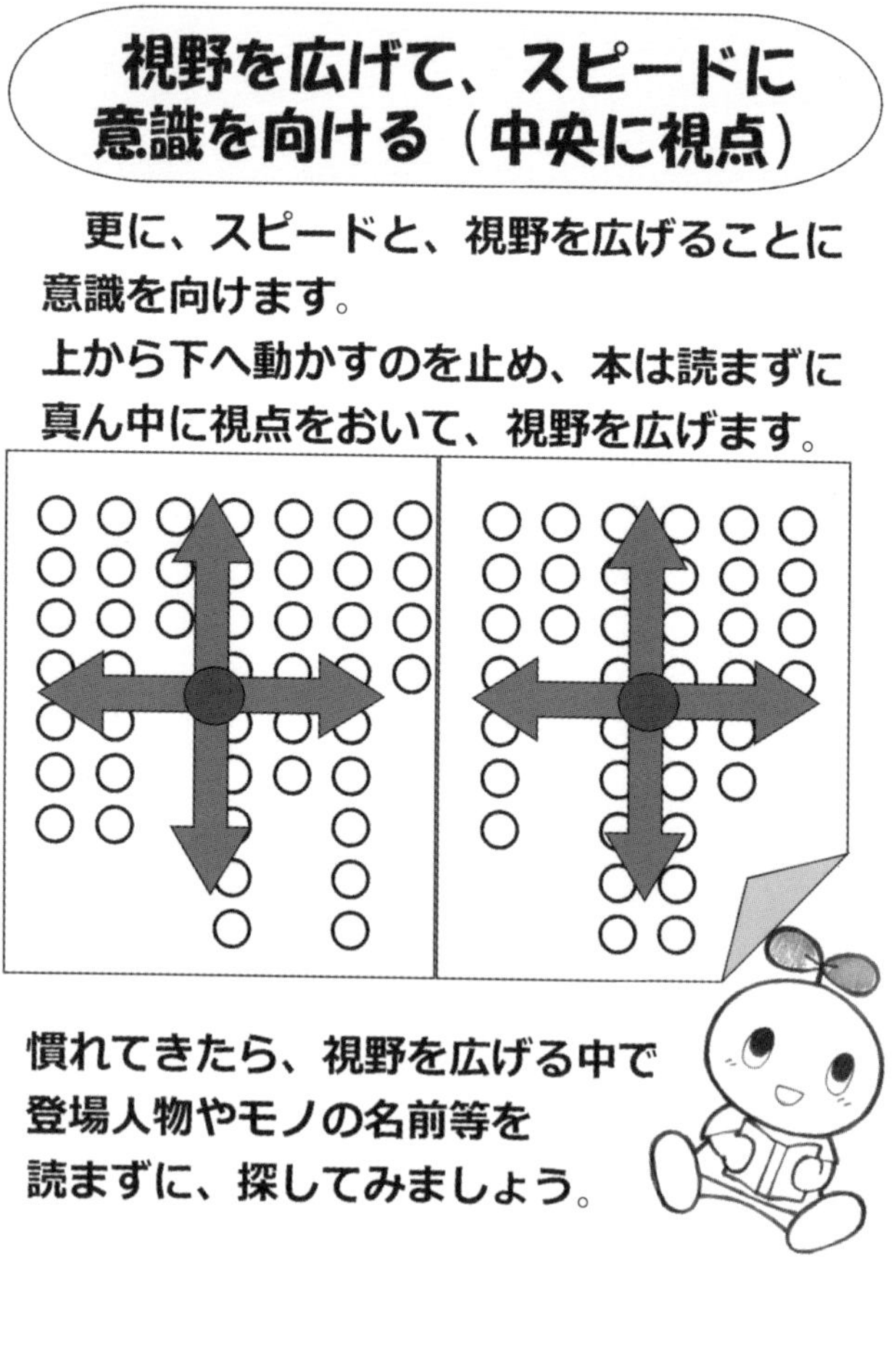

視野を広げて、スピードに意識を向ける（中央に視点）
更に、スピードと、視野を広げることに意識を向けます。
上から下へ動かすのを止め、本は読まずに真ん中に視点をおいて、視野を広げます。
慣れてきたら、視野を広げる中で
登場人物やモノの名前等を
読まずに、探してみましょう。

12　視野を広げて、スピードに意識を向ける（脳トレ仕上げ）

これまで以上にスピードを加速するトレーニング

これからトレーニングとするのは、これまで以上にスピードを加速するトレーニングです。

今から6秒間計り、スピードを加速して、ページをどんどん進めて、どこまで前に進められるか。

何よりもスピードに意識を向けましょう。３回行いますので、その変化にも意識を向けてみてください。

●１回目：視野を広げるよりも、スピードを加速することに、意識を向けるのを優先させます。

●２回目：１回目に進めたページの２倍を目標にして、さらにスピードに意識を向けます。

●３回目：最後は少しスピードを緩めてみます。

終わった後に、３回のスピードの違いや、どんな感覚があるのかにも意識を向けます。

これは「インターチェンジ効果」を活用したスピードに慣れるトレーニングです。例えば、高速道路に乗る前に50キロで走っていたとします。そして、高速道路を１００キロで走り、高速道路を降りて50キロで走ったときに、同じ50キロでも違う感覚があるのと近い経験や体感が得られます。

そのような効果を体感するために、気に留めてトレーニングをしてみましょう。

６秒間で読まずに、上から下に目を動かす幅は、先述でトレーニングした幅を目安に、それより

〔図表22　これまで以上にスピードを加速する〕

視野を広げて、スピードに意識を向ける（スピード最優先）

真ん中に視点をおいたまま、本は読まずにスピードを加速することに意識を向けます。6秒間で何ページまで進んだか、記録します。

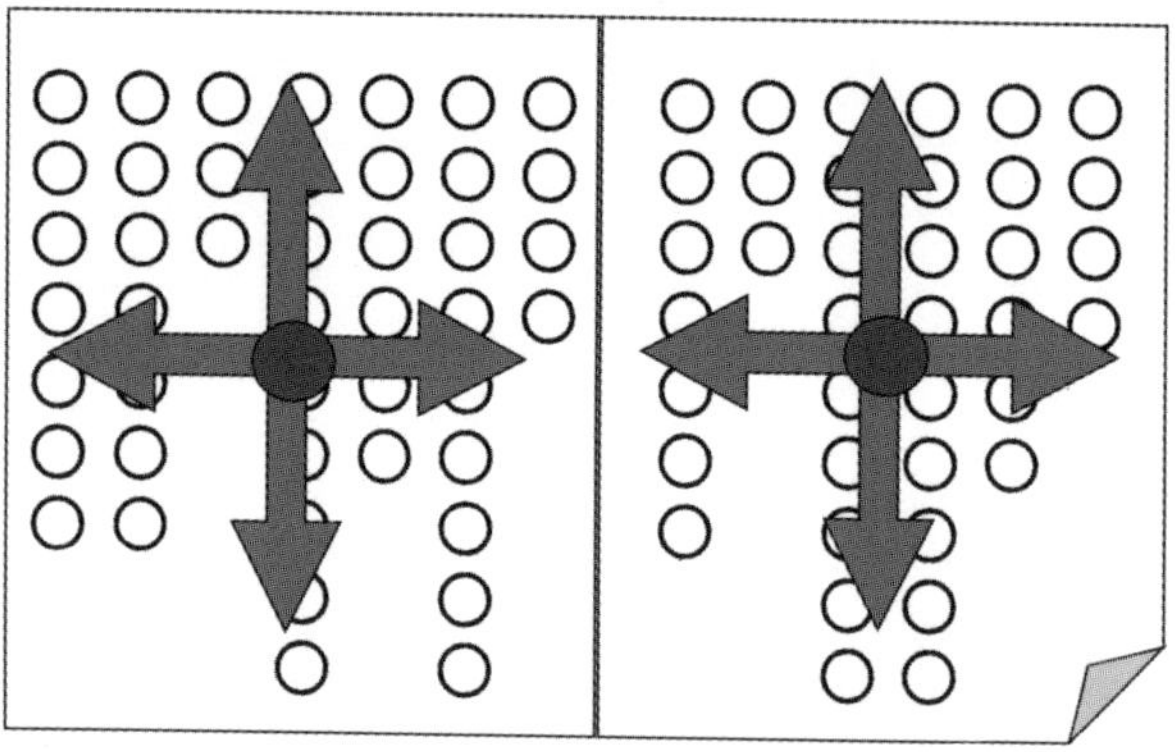

1回目：今、加速できるだけのスピードで。
2回目：1回目の２倍のスピードを意識して。
3回目：1回目のスピードを目安にします。

も少し広めにすると、スピードが加速しやすくなります。

はっきりと見えていなくてもかまいません。

それは、スピードを何よりも最優先とするからです。

マインドフルネス的に「あれこれ考えずに、目の前のことに意識を向けて、集中する」のに、スピードに意識を向けます。

お疲れ様でした！

以上でトレーニングは終了となります。

最後にもう一度、1分間速読の計測をします。ここまでトレーニングしてきた「意識を向けて気づき」の成果をぜひ体感していただくうえでも、最後まで「視野を広げて、スピードを加速する」ことに意識を向けて臨んでください。

13　今、ここで、集中する1分間速読計測！

1分間の速読計測

1分間速読計測する、その事前準備に、目の前のことに集中する姿勢づくりとして、目次に意識を向けて、全体の構成を確認しておきます。これから読む本に意識を向ける準備であり、それにより集中するきっかけスイッチをいれます。そして、心や脳の準備が整いましたら、読み始めるページを開いて、計測を始めましょう。

最初の計測値の2倍を目指しましょう。

1分間測ります（タイマーをセットしてもいいかもしれません）。

スタートです！

ピピピ…（タイマーの音）お疲れさまでした。

やってみていかがでしたでしょうか？

「今、ここ」、目の前の本に意識を向けることで気づくことがあります。

そして、質問して問いかけることで、それに応えようとするアンテナが立ち、アウトプットしようという感覚も働きます。

感覚が何もなくても、間違っているわけでもなく、悪いわけでもありません。もしわずかな感覚でもあれば、それを感じたとして、そのわずかな感覚を大切にします。

14　1分間速読の計算

「3　計測（1分間速読計測）」で行ったと同じ要領で、計算します。

簡単におさらいをしておきますと、次の合計となります。

【ページ単位での計算】

【行単位での計算】

アウトプット（マインドフルネス・書く瞑想の活用）をしてみましょう！

15 「マインドフルネス・書く瞑想（ジャーナリング）」で総点検

思うことや感じることを書き出す

あらためてお疲れ様でした。

以上でトレーニングと計測は終了となります。マインドフルネス・書く瞑想（ジャーナリング）を活用して、最後の総仕上げをしておきましょう。

●トレーニング全体を通して、やってみてどうだったか？

●どんな感覚があるか？　どのように感じるか？

上記の質問に対して、手元の紙に書き出してみましょう。

例えば、1分間時間を計って、集中して書き出してみてもいいかもしれません。あるいは、こころおきなく書き出しつくすまで、ひたすら書き続けてみてもいいですね。思うことや、感じることを書き出すことで、自分の目に見えて、心や脳が整理されます。

日常生活にも、他のいろいろなテーマで「書く瞑想・ジャーナリング」することで、気づくことが見つかるかもしれません。

〔図表23　書く瞑想(ジャーナリング)〕

マインドフルネス
書く瞑想(ジャーナリング)

目の前のことに、意図的に意識を向ける。
[マインドフルネス]を書くことに集中します。
ペンと紙を用意して、早速始めましょう！

・テーマを決める
・ペンで、紙に書く
・評価や判断しない
・時間を決めて書く
(1分・3分・5分・10分等)

今回のテーマは
「トレーニングをしてみてどうか？」
心おきなく、どんどん書いてみましょう。

いろいろなテーマを変えてみるのもおすすめです。
（例えば○○について今思うことや、感じること等）

16　仕上げは、「セルフコンパッション」

続けることでできるようになる秘訣

最後に「書く瞑想（ジャーナリング）」のテーマとして「今、ここでできたことや、よかったこと」に意識を向けて気づいたことを書き出してみましょう。とらわれのない状態で、ただ観る「マインドフルネス活用」にもなります。

「今、ここ」までがんばった自分にも、優しい思いやりの気持ちをもってねぎらうセルフコンパッションの活用、さらにパワーアップしていく自分を応援することにつながります。

マインドフルネス速読は、速読が入り口ですが、心身脳の総合トレーニングです。お1人おひとり、また1人の中でも、目的や目標も変わります。「今、ここ」での感覚や感じ方も異なります。

意識を向けて書く瞑想でも、いろいろなことに気づきやすくなります。

マインドフルネスも、速読も、見えにくく、わかりにくいかもしれません。見えないものこそ、大切なものである。そんな考え方も大切にしています。目の前のことに意識を向けて、気づくトレーニングを繰り返し、積み重ねていきます。続けること、できるようになる秘訣として、ささやかなことでも、わずかな感覚でも、意識を向けて、気づくこと、あるがままを受け入れること。がんばる自分に、思いやりの気持ちをもって、応援することがとても重要です。

〔図表24　セルフコンパッション・ワーク〕

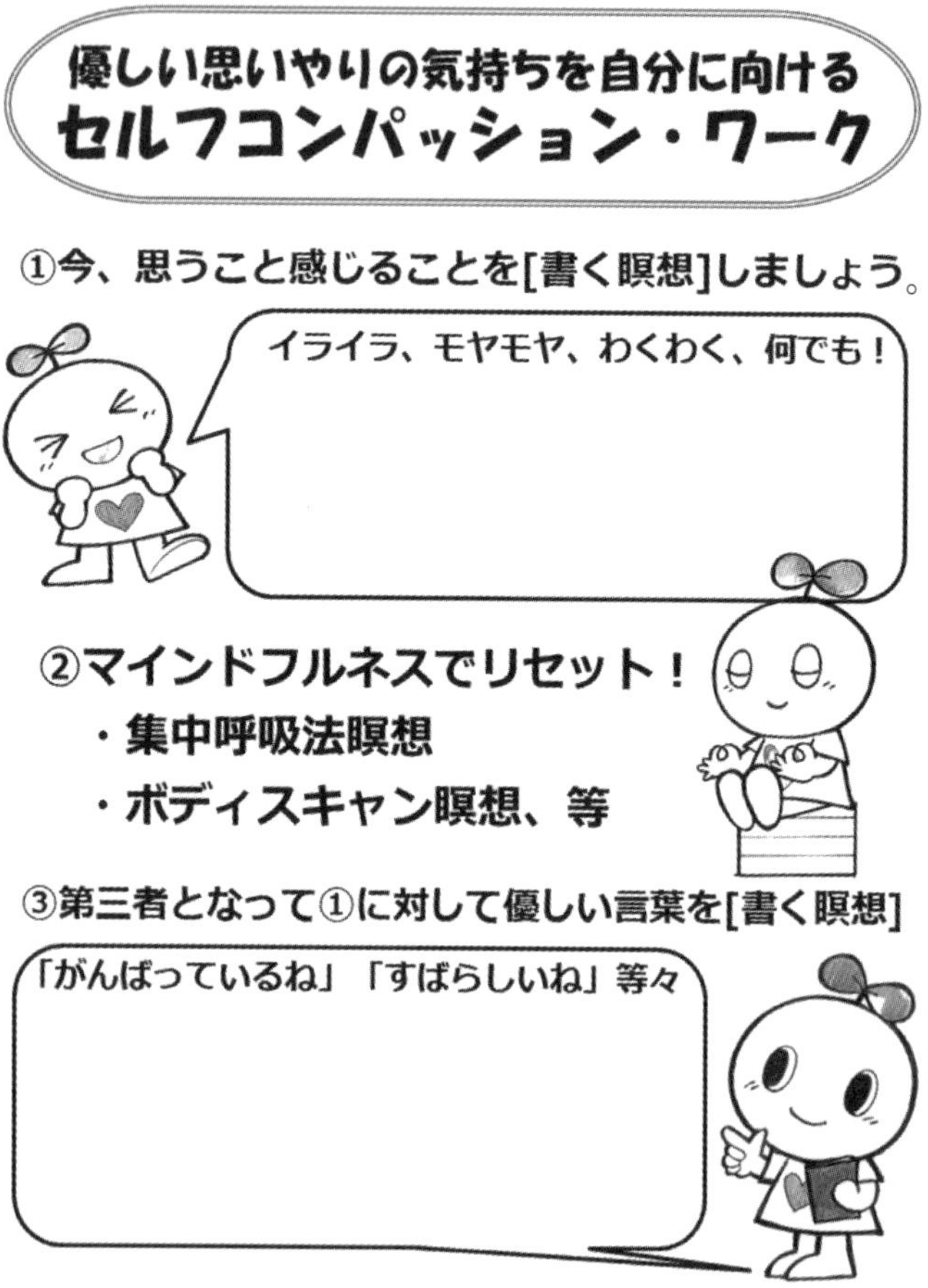
優しい思いやりの気持ちを自分に向ける
セルフコンパッション・ワーク
①今、思うこと感じることを[書く瞑想]しましょう。
イライラ、モヤモヤ、わくわく、何でも！
②マインドフルネスでリセット！
・集中呼吸法瞑想
・ボディスキャン瞑想、等
③第三者となって①に対して優しい言葉を[書く瞑想]
「がんばっているね」「すばらしいね」等々

第7章　よくあるご質問

Q1．人一倍読むのが遅くても、マインドフルネス速読はできるか

A　速読は、文字や文章を速く読むスキルですが、マインドフルネス速読では、目の前のことに意識を向けて気づきの心身脳の総合トレーニングにより、気づくことからできるようになることがいろいろあります。

マインドフルネスに、目の前のことに意識を向けて、評価しないで観るという意味があります。読む速さを人と比べたり、評価する必要はないのです。今ここに意識を向けることで、気づくことがあり、することが見つかり、できるように行動していきましょう。

速読ができるようになったらいいなと望む人にとっても、それぞれ本や文書を読む目的や理由も異なります。速く読むのがゴールというより、読後どうしたいのか。あるいは、その本や文章をどのように読みたいのか。その後どのように活かしたいのかなどによっても異なってきます。

読み方にもいろいろな種類があります。例えば、黙読、音読、精読、通読などがあります。それらも、目的によって読み方を選んでいくと有効です。そのほうが効率よく読めるのです。

速読も1つではなく、いろいろな読み方があります。ぜひ、マインドフルネス速読を、あなたの読み方の選択肢に増やしてくださいね。

いろいろな本を、いろいろな読み方で、いろいろ楽しんでいただけることを願っています。

Q2．集中力がなくて途中で飽きてしまうが、続けられるか

A　集中力は、目にみえにくいので、可視化できず、わかりにくいものです。

これまでに、何か時間を忘れて、取り組んだことなどありませんか？

例えば、自分の好きなことを夢中になっているうちに、あっという間に時間が経っていたり、仕事やプライベートで、必死に取り組んでいるうちに、気がついたら数時間が経過していたことなどです。または、旅先や身近なところで見た、きれいな景色を見て感動するよう経験や、ハッとするような瞬間など、ありましたか？　もし、一度でも経験したことがあるのであれば、それは集中力がないのではなく、使えなくなっているだけです。

トレーニングをすれば、それは取り戻すことも可能ですし、高めることもできます。集中力がないと言われる多くの方は、集中力を高めるために何もしていない方も多いです。また、集中力について、何かトレーニングをする機会も少ないものです。

マインドフルネスだけでも、集中力を高めるトレーニングとしてできることがいろいろあります。その効果としても、集中力だけに限らず、注意力などの能力アップがよく取り上げられています。集中ができていないのが悪いわけでなく、集中ができていないことに気づいて、また本来の集中するところに意識を向けるトレーニングになります。

読書や速読ができない理由もいろいろありますが、読書や速読をする準備が整っていないことも多いです。物事に集中する力をトレーニングすることで、いろいろなシチュエーションに活用することができます。

そして、続ける理由や目的に意識を向けるのも、物事を続ける秘訣となります。

Q3．解力や記憶力の低下を感じているが、今からでもできるか

A　理解力や記憶力の低下を感じている方は多いものです。それも年齢を重ねる度に低下する、と思い込まれている方も多いようです。

脳科学的には、理解力や記憶力の低下は、年齢に限ったものではないと言われています。例えば、20代と80代では、その能力の違いというのは、ほとんど変わりないといわれています。大きく違うのは、インプットしたことを、アウトプットする場や機会がどれだけあるかによって変わるといわれています。

例えば、学生の時は、テストやたずねられたり、アウトプットする機会も多いのに対して、年齢を重ねていくうちに、日常生活の中では忘れがちになってきます。子どもの記憶力がすぐれているのは、好きなものへの興味が強いからといわれています。

これらのことから、理解力や記憶力の必要性や、使う目的にも意識を向けてみましょう。始め

ることに、遅すぎることもありませんが、早すぎるものでもありません。

脳は、刺激や変化に対応する力があり、鍛えるほどに成長していきます。すぐにトレーニングをはじめて、活性化していきましょう。

できるようになる秘訣は、トレーニングを楽しく続けて積み重ねていくこと。そして、少しでもできたことにも意識を向け、できてよかったことに気づくことです。それによって、自分にはできると信じる力が高まり、自信にもつながり、さらに脳力がアップしていくのです。

Q4．年齢、経験、センスに関係なく、マインドフルネス速読できるのはなぜか

A　マインドフルネス速読は、意識を向けて気づきの心身脳の総合トレーニングなので、誰にもできるようになります。私たちには、本来すばらしい脳力が備わっています。普段はその脳力に意識を向けることもなく、使われていない機能や能力もたくさんあります。それらにも意識を向けて、いろいろなトレーニングをすることで、使える機能や脳力を取り戻し、脳力の底上げをして、全体の脳力アップをはかることができます。
そして、できるようになるのに大切なこととして、よかったことや、できていることに意識を向けて、気づき、あるがままを受け入れる。がんばる自分にも、思いやりの気持ちを持って、応援するセルフコンパッション×マインドフルネスの考え方やとらえ方が、速読にもつながり、相

乗効果を発揮します。

Q5. 普段から目が疲れやすいが、速読して目の負担にならないか

A　私たちは今、とても便利な世の中に生きています。昔では考えられなかった技術が身近にあり、使える環境も多くあります。ですがその分、見えないストレスになっていることも多いものです。特に目や心に、負荷がかかっていることに意識を向けていない方が多くいらっしゃいます。気づいていないこともよくあり、気づいても何かをして整える人も少ないのです。意識を向けると、気づくことがあり、することが見つかり、できることにつながります。

例えば、体も同じようなことがいえます。

身体に意識を向けて柔軟にしておくと、変化に気づきやすく、ケガをしにくく、怪我をしても治りやすいように整えられます。

私たちは、自分の力で病や気を癒して、治す力を元々もっているのです。目も同じように整えることができます。

負荷になるどころか、メンテナンスにもなります。

ぜひ目にも、優しい思いやりの気持ちをもって、しっかりケアしていただきたいと心から願っています。

Q６．過去に速読に挑戦して途中でやめたので、今回もやめてしまわないか心配

Ａ　過去に速読に挑戦した経験を活かして、今度こそマインドフルネス速読を活用していきましょう。私たちは、物事を見たり、聞いたり、感じたりすることができます。日常生活の中では忘れてしまいがちですが、自分が実際に経験したことは記憶に残りやすいものです。
もしかしたら過去に速読に挑戦したときに、あともう一歩で速読ができたところまできていたのかもしれません。マインドフルネス速読は意識を向けて、気づきのトレーニングも合わせて行います。持続させる秘訣として、速読の必要性や読後から得られる大切さに意識を向けることと、速く読もうとすること、等があります。できるようになるには、できたことに意識を向けること、その際に気づくことが大切にもなります。ぜひ今度こそ、過去の経験に、マインドフルネス速読をプラスして、ぜひ有効に活用していただけることを願っています。

Q７．速く読むと、理解できないように思うが？

Ａ　理解をする、ということにもいろいろあります。どこまで理解したかについては、数値的に計りにくく、体感しにくいものでもあります。

そのときに、意識を向けるための方法の1つとして「目的」があります。何のために、どこまでわかりたいのか、どのように理解したいかというものさしによって理解をする深さが変わってきます。

それは、読むことにも共通します。読むことも、目的によって、読み方の選択は異なります。目安として、読むものの分野のことをどのくらい知っているか、読み慣れているのか、言葉を理解しているかによっても理解度は影響してきます。

もし、馴染みのない分野の、知らない言葉を理解するのであれば、わかりやすく書かれた著書は繰り返して読むのにとても便利で、有効に活用できます。

Q8．難しい本や、あまり気分の乗らない本も読めるようになるか

A　多くの人は難しい本や気分が乗らない本は読みたくないものです。それは、読む前の準備が整えられてない状態にもあります。とはいっても、読まなければいけないものもたくさんあります。

そういう意味では、読みたくないものにも、いかに興味を持って、目の前の本、もしくは文章に、集中するように意識を向けることが、大切になってきます。

そのことが、マインドフルネスの「とらわれのない状態で、ただ観る」にもつながってます。

マインドフルネスのトレーニングにより、好き嫌いや、難しいなどの感情にとらわれずに、目

の前のことに意識を向ける姿勢や行動がしやすくなるのです。

難しい本や、あまり気分の乗らない本にチャレンジする自分にも、優しい思いやりの気持ちをもって応援して読むといった行為も、今までは違うものが得られるチャンスになります。

Q9．どのくらいトレーニングしたらいいか

A　学びに終わりがないものです。そしてトレーニングにも終わりがないものです。それは、お1人おひとりの、いつまでに？　どうしたいか？　どのくらいできるようになりたいか？　によって変わります。そして「今、ここ」がどのような状態にあるかも関わってきます。
求めることへの、意識を向けるトレーニングもいろいろあります。それはトレーニングを少し積み重ねることが必要かもしれません。そのために、持続させる秘訣として、楽しく続けること。できたことに意識を向けて気づくことを大切にしていきましょう。

その目安として、1日1％、トレーニングしましょう！　とお伝えしています。1日24時間の1％が、およそ15分に相当します。まとめてとれなくても、細切れ時間を活用すれば、続けやすくなります。

速読に限らず、日常にも意識を向けて、できることを探して気軽にチャレンジしてください。できたことにも意識を向けて気づくと、それは自信にもつながります。そして、できることが広がっ

ていきます。自分にはできる力があることを信じて、トレーニングを楽しく続けていただきたいと思います。

Q10．いつトレーニングしたらいいか

A　マインドフルネス速読のトレーニングは、いろいろな方法があります。いつでも、どこでも、できることはたくさんあります。意識を向けてできることを探す、気づく、そして行動するのも大切なトレーニングとなります。

まとまった時間を確保してトレーニングする場合、1日の始まりの、朝に実践するのがおすすめです。まだ脳や体が眠っている朝に、エンジンをかけるという意味でも効果的です。そして、決まった時間に行動するのも、リズムをつかみやすく、習慣にしていくことも有効です。

日常生活の細切れ時間にいろいろトレーニングすることができるので、積み重ねになり、おすすめです。

Q11．トレーニングをやめたら、元の速さに戻ってしまうのか

A　トレーニングにもいろいろな方法があります。筋力トレーニングを積み重ねてできるように

なったことは、筋トレをやめたことによって、その力を維持するのは難しく、下がってしまうこともあるかもしれません。マインドフルネス速読では、心身脳の総合トレーニングを行います。その中には、筋力トレーニングも必要で含まれます。

それ以外にも、ものの考え方やとらえ方等にも意識を向けて気づくトレーニングも行っています。それによって、今までなかったことも得られ、脳の回路を整えられます。それらは、トレーニングをやめたとしても、それが消えてなくなることはありません。

例えば、子どものときに、自転車が乗れるように練習した経験や、泳げるように練習したことをイメージしてください。一度体得すれば、少し練習すれば、1から練習しなくても、感覚を取り戻せる経験に近いものがあります。

マインドフルネス速読は、意識を向けて気づきのトレーニングです。ぜひ日常生活にも取り入れて、毎日少しずつでも何か活用することを見つけて続けられることがおすすめです。それが活きた実践であり、トレーニングになり、元に戻ることなく、積み重なり、更にパワーアップしていきます。

Q12．マインドフルネス速読は、小説などにも使えるか

A　速読が、速さを最優先して読み進めるので、小説には活用できないのではないかと思われるか

もしれませんが、小説などもより一層楽しんで読むことができます。

マインドフルネス速読では、速読だけではなく、マインドフルネスや心理学・読書療法なども含まれています。マインドフルネス的要素を活用しますが、まずは読む前に脳や心を整えて、集中しやすい状態をつくることは、様々に活用できます。

小説では、とらわれのない状態で観たり、五感を活用した読み方なども有効に活かされます。そうすることによって、小説の情景や背景がイメージしやすくなり、ストーリーに集中して、感情移入しやすくなったりもします。今までより一層味わい深くなったり、読書が楽しくなります。

ビジネスマンは、ビジネス本や啓発書が多く読まれることが多いかもしれませんが、小説を読むことによって五感を研ぎ澄まし、人生がより豊かになることにもつながります。小説の中に書かれたことが、自分の中の疑似体験として刻まれることもあります。

私たちは見たり聞いたりするだけでは、記憶に残りにくいものです。自分が体験することにより、記憶に残りやすくなります。そういった点においても、小説も素晴らしいものであり、読む人の感受性を高め、人生を豊かにしてくれます。

世の中には、一生かかっても読み切れないほどのたくさんの本が存在します。そのたくさんの中から出会った本とのご縁は、希少価値があり、奇跡に近いかもしれません。心理学・読書療法の考え方やとらえ方としても有効で、必然であり、本が必要なものを届けてくれるともいわれています。ぜひ小説などにも意識を向けて、たくさんの本を楽しんでいただきたいと願っています。

Q13．マインドフルネス速読は、日本語の他に、英語にも使えるか

A　縦書き、横書きの本にも活用できます。マインドフルネス速読では、これまで読み慣れた日本語の縦書き本を使ってトレーニングします。目のトレーニングでは、縦方向だけでなく、横方向や遠近など、いろいろ行うことでも、横書きにも活用できます。シュルテーブルを使った文字探しも、視野を広げてスピードを加速する、総合的なトレーニングです。それらは、英語や外国語にも有効に活用できるので便利です。

英語の読み方は、すでに速読の読み方になっています。

英語は、もともと1字1字読むことが少ないものです。アルファベットを1字1字読むようなことはしていないので、単語を塊としてとらえやすい読み方をしています。例えば「Book」を「B」「o」「o」「k」とは読んでいないような読み方です。日本語の本でよくある、1字1字文字を読んで、音にして遅くなってしまいがちなところを抑えられやすいのです。視野が広がると、さらにとらえやすく読みやすくなります。

塊でとらえられると、それだけで意味があるので、例えば、物の名前だとその絵を思い出したりします。

原書で読む読書もまた、日本語で読むのとまた違った、気づきや得られることも多くあります。

縦書きの日本語の本を読むときとはまた違った感覚を楽しめ、相乗効果にもつながりトレーニングにおける効果もあがっていきます。

Q14．なぜマインドフルネスと速読の組み合わせなのか

A　それぞれのよさが、お互いを補い、相乗効果につながるからです。マインドフルネスと速読の相違点と共通点について、ご説明します。

●本書を読む前のイメージと、「今、ここ」とでは、どのような相違点を感じられますか？

マインドフルネスが、目の前の1つのことに意識を向ける、評価や比較をしないで、ただ観る、姿勢や態度、方法であるのに対して、速読は一度に複数のことを行い、数値化してそれをスピードアップしていく、いろいろな脳トレを行う、それら2つは真逆のものに見えるかもしれません。マインドフルネスも速読も、それぞれ1つひとつ素晴らしく、いろいろに活用できる便利なものです。

共通点としては、どちらも決まった形がなく、見えにくいかもしれません。

しかし、どちらも心のトレーニングであり、脳のトレーニングでもあります。かけがえのないお1人おひとりがお持ちの素晴らしい脳力、能力に意識を向けて気づき、それを活用するという意味でも、どちらも大切なものであり、生涯活用できる大変有効なものです。

それぞれに素晴らしいものが、相乗効果等を発揮して、お1人おひとりの脳力、能力をより一層高めて、活用し続けることでも、益々パワーアップしていきます。

まだご自身で気づいていない脳力や能力、普段意識を向けることの少ない感覚や自分の気持ちにも、気づいて、自分にも優しい思いやりの気持ちをもって支え、応援するのにも活用いただけることを願っています。

Q15. マインドフルネス速読の特徴は、どんなところか

A　マインドフルネス速読の特徴として、マインドフルネスの考え方やとらえ方を大切にしています。
目の前の瞬間に意図的に意識を向けること。評価や比較しないで、とらわれのない状態でただ観る。

速読のトレーニングで意識を向ける先として、4つあります。

それが目・脳・呼吸・心になります。この4つに意識を向けるということも大きな特徴になっています。普段、無意識にしていることばかりです。そして、その1つひとつは見えにくいものでもあります。だからこそ、意識を向けることと同様に気づきのトレーニングが重要になってきます。

普段、意識を向けることの少ない、様々な脳力に意識を向けます。目、指、脳、呼吸、心のトレーニングすることで、活性化していきます。1つの脳力がアップすると、他にもよい影響があり、相乗効果を発揮して、脳力の底上げにもつながります。

速読や読書をする前に、心身、目、呼吸、脳を整えてから始める。目の前のことに意識を向けて集中することがポイントです。マインドフルネスや、心理学・読書療法の考え方や、とらえ方も取り入れています。

これまでしてこなかったことや、今できていないことに取り組み、チャレンジした自分に、優しい思いやりの気持ちをもって応援する、「セルフコンパッション」にもつながります。よかったことや、できたことに意識を向けての気づきは、自分にもできることを信じる力につながり、ますます脳力アップしていきます。

マインドフルネス速読は、速読が入り口ですが、速く読むだけではありません。

マインドフルネス速読は、①「脳トレ・速読」②「心理学・読書療法」③「マインドフルネス」の3つの要素に「セルフコンパッション」が加わったものです。

これらの要素が、点と点がつながり、線となり、面となり、形を成しているのです。

そして、お1人おひとりのそばに、いつもあります。かけがえのない脳力を活性して、未来や将来の夢に、どのように活かすのか、どうしたいのかにも意識を向けて、さらに活用いただきたいと願っています。

〔図表25　意識を向けて、気づきのマインドフルネス速読〕

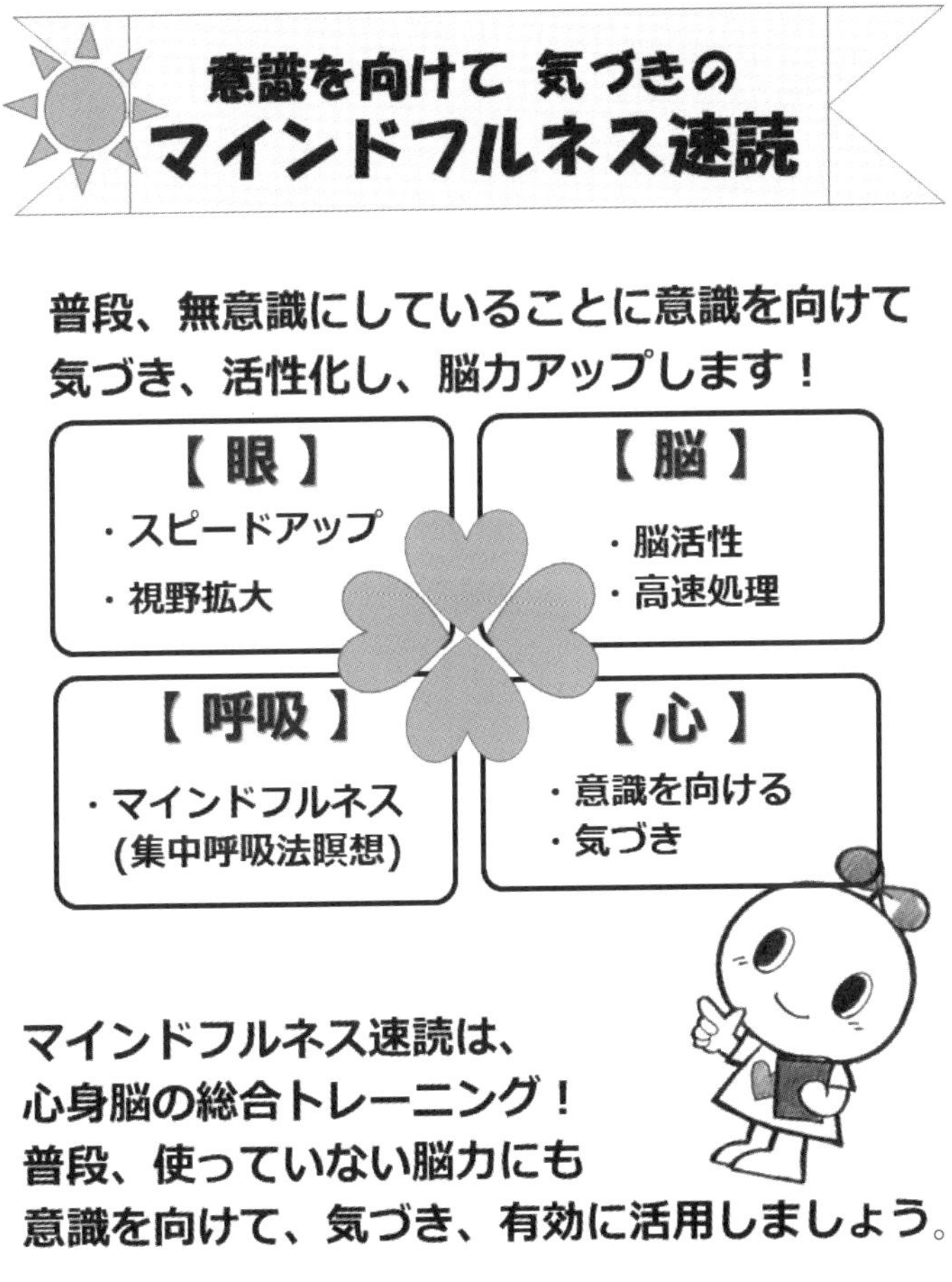
意識を向けて 気づきの
マインドフルネス速読
普段、無意識にしていることに意識を向けて
気づき、活性化し、脳力アップします！
【眼】
・スピードアップ
・視野拡大
【脳】
・脳活性
・高速処理
【呼吸】
・マインドフルネス
(集中呼吸法瞑想)
【心】
・意識を向ける
・気づき
マインドフルネス速読は、
心身脳の総合トレーニング！
普段、使っていない脳力にも
意識を向けて、気づき、有効に活用しましょう。

〔図表26　マインドフルネス速読の全体像〕

マインドフルネス速読の全体像
マインドフルネス速読は、3つの要素に
セルフコンパッションが加わったものです。
脳トレ
速読
心理学
読書療法
＋
セルフコンパッション
マインドフルネス

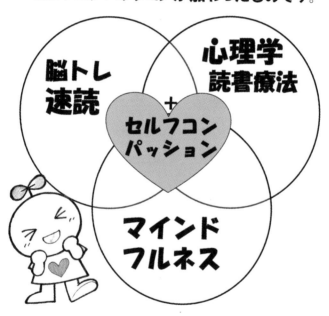

〔図表27　あなたの夢や願いを叶えるマインドフルネス〕

あなたの夢や願いを叶えるマインドフルネス

★夢や願いを[書く瞑想]しましょう。

・期限を記述するとより有効です（例:〇年〇月〇日）。

★夢や願いが叶ったら?(気持ち・行動等)

・行動のきっかけや、継続のモチベーションになります。

★今、ここからできることを[書く瞑想]

・完了した日を記述すると達成感につながります。

夢や願いが叶って、おめでとうございます!

おわりに　これで解消！　解決！　今、ここから活かす！　マインドフルネス速読

ここまでお読みいただきまして、誠にありがとうございました。ここまで読んでみていかがだったでしょうか。

マインドフルネスも速読も、そして、心理学読書療法もどちらも共通するところは「目に見えない」ところにあります。

見えないからこそ、大切なものでもあるのです。私自身が視覚に障碍があり、見えにくさを感じているからこそ、見えない大切なものをよりいっそう意識を向けて大切にしているからかもしれません。

意識を向けて、気づくトレーニングをする。たった、それだけで変わることがあります。その意識を向ける先を取り上げて気づいたことをアウトプットするトレーニングを体系化したものが、このマインドフルネス速読です。

本書内で、何度とお伝えした、マインドフルネス速読は、速く読むだけではありません。速く読むだけであれば、目のトレーニングだけでも、変化があるかもしれません。ですが、できることに気づいてなく、手放し、諦めてしまう人も多いのです。マインドフルネス瞑想でも、自分の変化は非常にわかりにくいものです。そこで大切なのが、あるがままを受け入れることです。トレーニングをしていて、これでいいのかなと実感がわかないこともあるかもしれません。成長の過程には「学

習曲線」といって、最初の段階において、努力や行動の変化が感じられなかったり、目に見えなかったり、成果が見えにくいものです。しかし、諦めない限り、手放さない限り、積み重なり、変化があり、成長があるのです。できるようになるためにも、目の前のことに意識を向けて気づくことも大切になります。できたこと、よかったことを探す。また、それにつながる考え方や、とらえ方もトレーニングになります。

日本人が、外国の人よりも、自己肯定感や自己効力感が低いといわれています。こんなに便利な世の中で、恵まれた中にも幸せを感じられない人もいます。人の幸せは、人それぞれで違っていて、当たり前のことです。だからこそ自分ならではの幸せに意識を向けて気づくのも大切です。

自分のよかったことや、できたことが見つかると、それはますます能力を高めることにつながります。速読も、自分にできて当然と思って練習をするのと、できそうにもないとか、本当にできるのかと疑いながらするのでは、その習得の時間や労力が大きく変わります。

やる理由や目的も大切なポイントになります。速読にも、いろいろな方法があります、できたらいいなと思う人も多くいらっしゃいます。速読は、読み方の1つであり、誰にでもできるものなのです。しかし、これまでしてこなかったこと、今できないことは、そこに意識を向けて、気づきと併せて、トレーニングが必要になってきます。今までしなかった分、今までよりも意識を向けて、トレーニングをして、繰り返し慣れる必要もあります。その際に、できたこと、よかったことにも意識を向けて気づくことが、自分にできるという自信をつける経験につながります。

これまでしなかったことに挑戦する自分、あるいは今できないことに取り組む自分を応援する、自分への優しい思いやりの気持ちである「セルフコンパッション」も有効になってくるのです。これはマインドフルネスにも含めるものであり、マインドフルネス速読の3つの要素にプラスした隠れた4つ目の要素になります。私自身、読書を通して得られたことが多くあり、救われたことも数々あります。

視覚障碍は消えてなくなりませんが、できることはたくさんあります。障碍があるおかげで、気づかせていただいたことがあります。考え方やとらえ方もいろいろ身につけることができました。そして今もなお支えられています。

マインドフルネスも速読も読書もその素晴らしさを1人でも多くの方に知って活用いただきたく、今回紹介させていただきました。読む瞑想につながれば幸いです。

ものの考え方やとらえ方というところでは、心理学や読書療法、マインドフルネスの組み合わせにより、相乗効果となって発揮します。1つずつの点がつながり、線となり、面となり、マインドフルネス速読として1つのものとなりました。マインドフルネス速読を始めることは、遅すぎることもなく、でも早すぎることもありません。お1人おひとりにタイミングがあり、めぐりあったそのときが最善の時期なのです。

最後までお読みいただき、感謝申し上げます。一生かかっても読み切れないほど、たくさんの本が世の中にあり、何の本を読むのか、そんな取捨選択にも、速読はとても便利です。速読は、読み方の1つであり、速読の読み方も1つではなく、いろいろあります。目的によって、お1人おひとりにとっての最善の読み方を選べられる力、楽しむこと、意識を向けて気づくことを、マインドフルネス速読で活用いただけたら嬉しく思います。

マインドフルネス速読は、お1人おひとりのそばにいつでもあります。意識を向ければ、そこにあることにも気づくことができます。かけがえのないお1人おひとりをいつも見守り支え、時には行動へと促してくれます。心の支えにもなり、寄り添ってくれます。本を通して意識を向けて気づくことで入ってくることがたくさんあります。

心理学は人とのコミュニケーションツールだといわれることもあります。そして、自分のことを知るのにも、よい機会になります。それもまた1つではありません。一番身近な自分のことを知ること、そのことに意識を向けることを気づくことによっても、日常や人生、生涯にも大きな影響があります。

今回、マインドフルネス速読の本を手にとっていただき、本当にありがとうございました。その一歩がもうすでに行動につながっています。あとはトレーニングを楽しく積み重ねて、習慣にしていきましょう。「21日の法則インキュベートの法則」があります。21日繰り返したものは習慣化されてくるという1つの目安となっています。

人生や性格を変えるには大きな努力が必要と思われがちですが、意識を向けて気づくこと、それを繰り返して習慣にしていくことで、成長につながります。1日24時間の1％15分の実践をおすすめします。毎日のたった1％の積み重ねが、1年後には約38倍にも大きくなるのです。これは、あくまでも目安としてみてください。気づきや体感など得られる情報は、一律ではなく、お1人おひとりのものさしやメガネによって異なってきます。

そんな日々の成長や変化にも意識を向けて気づくことによって、1日1％以上の成長あるいは1年後に38％以上もの大きな成果につながる可能性があります。本来、素晴らしい脳力をみなさまは持ち合わせています。そのようなところにも、意識を向けて気づきのトレーニングを、マインドフルネス速読を通して積み重ねていただきたいと思います。

マインドフルネス速読は、速く読むだけではありません。

私自身、過去にIT業界就業時、自分に意識を向けられずに、体や心を壊してしまった後悔がありました。視覚障碍を発症し、そのことと向き合い、これからの人生において共にしていくうえで、少しでも今よりも何かよくなるには？　と、いろいろさまよったときに出会い、救ってくれたのが、心理学、読書療法、マインドフルネス瞑想、呼吸、読書、速読でした。

見えにくくなったことで、心の余裕をなくし、そんなときに支えられた1つが、心理学でした。これまで取得してきた資格や学習してきたことの多くは独学でしたが、心理学のセミナーを受けることで、独学にはない得られないものを知ることができました。特にNLP心理学では、一緒にワークしたり、人との体験から得ることが多かったです。本からも考え方やとらえ方など、世界が広がりました。目が見えるあいだに、たくさんの本を読んでおきたい気持ちも強くなりました。

世の中のことは、予期せぬこともあり、1人の力ではどうすることもできないこともあります。そんなときにも心を穏やかで過ごす秘訣が「今、ここ」の考え方です。マインドフルネスを通して、今ここに集中する体制をつくることに、とても有効です。

また今までしたことがないトレーニングをする途中でも、マインドフルネス速読を通して気づく考え方が支えとなることがあります。それは速読に限らず、何かに挑戦するときにも有効です。それが目の前のことに意識を向けるということ、そして判断や評価はいらない、ただとらわれのない状態で見るということ、あれこれ考えずに目の前のことに集中しようとする姿勢、行動態度、この考え方がいろいろにも応用しとても有効に活用できるのです。そしてそれを支えるのが、がんばる自分にも優しい思いやりの気持ちをもって、見守り応援するセルフコンパッションです。

これから先の未来や将来のことは誰にもわかりません。だからこそ、「今、ここ」がとても大切です。変えられない過去や、未来の不安は誰にでもあり、なくなるものでもありません。それに引っぱられて苦しくなるのを「今、ここ」に戻すことが、とても大切です。その練習が必要であることを私自身の経験において痛感しています。

明日はどうなるかわからないということに関して、今は亡き父親からのメッセージがいつも心にあります。自分の父親は、出張先で突然交通事故に遭い亡くなりました。父親からの最後のメッセージとして、明日はどうなるかわからないということを届けてくれたと思っています。

社会人になってからのことではありましたが、親元を離れていたこともあり、十分に父親と話せなかった寂しさは今でもあります。両親が結婚して、母親が何度も流産しても諦めずに、何年も経って生まれてきたのが私でした。その感謝の気持ちも伝えきれずにいたことも、変えられない過去であり後悔でもあります。難病の進行もこの先みえない不安もあります。それでも今に立ちかえり、今ここを大切にして精一杯生きることが、亡き父親のメッセージへの返答だと思っています。

この執筆中もいろいろなことがあり、世の中にも大きな変化もありました。それでもご縁があって、今回出版をさせていただくことができました。応援してくれた方々にも、まだ見ぬ新しいご縁としてもお手元に届けたい気持ちも執筆の支えとなりました。

この出版が、目の見えている間にしておきたいことの1つに加わりました。そんな渾身の想いと感謝の気持ちをこの1冊の本に詰め込みました。

過去に自分自身が読書を通して得られたこと、支えられたこと守られたこと、また本を通して出会った方々とのご縁に感謝しています。そのような気持ちも込めて執筆しました。

お1人おひとりに、読書が有効に活用されますように、そしてそのために、マインドフルネス速読がお役に立てれば嬉しく思います。

この度の出版にあたりまして、ご尽力いただきました、有限会社インプルーブ小山社長、そしてセルバ出版をはじめ、出版に関わる実に多くの方々に、御礼を申し上げます。また、日本読書療法学会会長 寺田 真理子様、株式会社HIROWA代表取締役 和田 裕美様におかれましては、情報掲載に、快く承諾くださいましたこと、あらためて感謝申し上げます。

イラストレーターろんぐ様には、幸運をもたらすと考えられているマスコットを誕生させていただき、感謝しております。

マインドフルネス速読へのいざないを担う「マイフルくん」の頭に出ている「好奇心の芽」は、かけがえのないお1人のおひとりにもあります。優しい思いやりの気持ちと一緒に、大切に育み、成長して、花を咲かせていただきたいと願っています。

目に見えないマインドフルネス速読が、多くの方々のおかげさまで、自分の支えとなってきた「本」という、目に見える形となったことをたいへん嬉しく思い、心から感謝しております。

マインドフルネス速読チームの方々のおかげでも執筆作業にも取り込むこともできました。マインドフルネス速読にご縁があった方々におかれましても、そしてこれから新しくご縁がある方にも、誠にありがとうございます。

マインドフルネス速読に関わられる方が、幸せでありますように、夢や願いが叶いますように、心から願っています。

そして、生きとし生けるものが、幸せでありますように願いながら、慈悲瞑想に変えてご挨拶とさせていただきます。最後までお読みいただき、誠にありがとうございました。

黒石　浩子

著者略歴

黒石　浩子（くろいし　ひろこ）

マインドフルネス速読講師、関西マインドフルネス協会インストラクター、絵本セラピスト(R)(絵本セラピスト協会認定)、日本読書療法学会会員、心理カウンセラー・セラピスト、IT サポーター、中学高校教諭一種免許、NLP プラクティショナー・LAB プロ認定資格取得、MCSE 他多数取得。

東京都出身。幼少期は体が弱く、幼稚園学校を休みがちでお家で本と過ごす。引越 14 回。IT 業界でリストラ、会社倒産、派遣切り等あり、就活や就業の足跡に多数資格取得。プログラマ SE、ヘルプデスク、PC 講師等に関わり、サポートに醍醐味を感じる。心身眼疲労や激務を重ね、視覚障碍発症。IT に代わる仕事や自分探し中、心理学・読書療法、マインドフルネス瞑想、脳活性速読に救われ、今も支えられる。視覚障碍進行中、見えないけれど大切な目・脳・呼吸・心に意識を向ける「マインドフルネス速読」誕生。心理学読書療法も取り入れ、速く読むだけでない、自分に意識を向けて脳力・自分力アップを指導サポート。受講者の様々な気づきや声が届けられる。・資格試験国家試験合格・苦手な読書が趣味に！・益々読書好きになった・幸せを感じられる・不安やイライラが解消・人に優しくなれた・時間を有効活用！仕事家事趣味に集中できる等。

【マインドフルクイックリード株式会社】マインドフルネス速読 https://mfqr-method.com/hp/

【HP】　【LINE】　【Twitter】　【YouTube】

「マインドフルネス速読」ゼロから学べる!　瞑想×速読トレーニング

2021年 2 月2日　初版発行　　2023年 9 月6日　第 6刷発行

著　者　黒石　浩子　© Hiroko Kuroishi

発行人　森　忠順

発行所　株式会社 セルバ出版
〒 113-0034
東京都文京区湯島 1 丁目 12 番 6 号 高関ビル 5 B
☎ 03（5812）1178　FAX 03（5812）1188
https://seluba.co.jp/

発　売　株式会社 三省堂書店／創英社
〒 101-0051
東京都千代田区神田神保町 1 丁目 1 番地
☎ 03（3291）2295　FAX 03（3292）7687

印刷・製本　株式会社 丸井工文社

●本書の内容に関する質問は FAX でお願いします。

Printed in JAPAN
ISBN978-4-86367-634-3